WEN SUCHST DU?

SOLCHE ANGST?

FÜR WEN HALTET IHR MICH?

WIE VIELE BROTE HABT IHR?

MICH VERLASSEN?

WARUM WEINST DU?

MICH GESUCHT?

Rainer Oberthür

JESUS

DIE GESCHICHTE EINES MENSCHEN, DER FRAGT

Kösel

Sollte diese Publikation Links auf Webseiten Dritter enthalten,
so übernehmen wir für deren Inhalte keine Haftung,
da wir uns diese nicht zu eigen machen,
sondern lediglich auf deren Stand zum Zeitpunkt
der Erstveröffentlichung verweisen.

Penguin Random House Verlagsgruppe FSC® N001967

Umschlaggestaltung: zero-media.net, München
Umschlagmotive: Malte Mueller / Getty Images; FinePic®, München
Layout und Satz: Nadine Clemens, München,
unter Verwendung von Illustrationen von © Shutterstock.com
(Gavris Sergey, Modulo18 und Ermak Oksana)
Druck und Bindung: aprinta druck GmbH, Wemding
Printed in Germany
ISBN 978-3-466-37282-9
www.koesel.de

Einem Menschen begegnen heißt,
von einem Rätsel wachgehalten zu werden.

Emmanuel Levinas

Das Leben des Glaubenden ist nur verstehbar,
wenn darin etwas Unbegreifliches liegt.

Simone Weil

FRAGE
Gott, so denkt man oft,
so verkünden Eiferer lauthals,
sei Antwort.
Spröder sagt die Bibel,
dass er Wort sei.
Und wer weiß,
vielleicht ist er meistens Frage:
die Frage, die niemand sonst stellt.

Kurt Marti

Am Ende der Suche
und der Frage nach Gott
steht keine Antwort,
sondern eine Umarmung.

Dorothee Sölle

INHALT

1. AUFTAKT 8

2. WIR FRAGEN UNS: WAS WISSEN WIR ÜBER JESUS UND WOHER WISSEN WIR ES?
Tatsachen über Jesus und die Anfänge der Christen 10

3. WIR FRAGEN UNS: WIE ERZÄHLEN WIR VON JESUS UND WOMIT FANGEN WIR AN?
Der Weg durch die Bibel als ein Geschichtenhaus mit vielen Türen 13

4. JESUS FRAGT: WORÜBER REDET IHR DA AUF EUREM WEG? // LK 24,17
Die unglaubliche Glaubensgeschichte der Emmaus-Jünger 16

5. JESUS FRAGT: WAS SUCHT IHR? // JOH 1,38
Wie alles anfing mit Jesus und seinen Nachfolgern 19

6. JESUS FRAGT: WILLST DU GESUND WERDEN? // JOH, 5,6
Geschichten von Wundern und vom Staunen über Gottes Nähe 22

7. JESUS FRAGT: IST ES AM SABBAT ERLAUBT, GUTES ZU TUN ODER BÖSES? // LK 6,9
Über den Sinn und die Grenzen von Geboten 24

8. JESUS FRAGT: HAT DICH KEINER VERURTEILT? // JOH 8,10
Vom Aufrichten und Auferstehen zu jeder Zeit 26

9. JESUS IST GEFRAGT: WARUM IST JESUS ZU DEN MENSCHEN GEKOMMEN UND ZU WEM?
Die Geschichte von Zachäus, dem Fragensteller, Zweifler und Sucher 28

10. JESUS FRAGT: WIE VIELE BROTE HABT IHR? // MK 6,38
Vom Wunder gemeinsamen Teilens .. 32

11. JESUS FRAGT: WOMIT SOLLEN WIR DAS REICH GOTTES VERGLEICHEN? // MK 4,30
Gleichnisse vom Wachsen und von Gottes Gerechtigkeit und Barmherzigkeit 35

12. JESUS FRAGT: FÜR WEN HALTET IHR MICH? // MK 8,29
Die Frage, die immer gestellt werden wird 42

13. JESUS IST GEFRAGT: WER IST DER GRÖSSTE VON UNS? // MK 9,34
Über die andere Macht der Ohnmacht und der Kinder 44

14. JESUS IST GEFRAGT: WAS SAGEN WIR GOTT, WENN UNS DIE WORTE FEHLEN?
Über das Vaterunser als Gebet zu allen Zeiten in jeder Lage 46

15. JESUS IST GEFRAGT: WELCHES GEBOT IST DAS ERSTE VON ALLEN? // MK 12,28
Über das Wichtigste im Leben 48

16. JESUS FRAGT: WER VON DEN DREIEN HAT SICH ALS DER NÄCHSTE GEZEIGT? // LK 10,36
Das Gleichnis vom barmherzigen Fremden 50

17. JESUS FRAGT: WENN IHR NUR DIE LIEBT, DIE EUCH LIEBEN, WELCHEN DANK ERWARTET IHR DAFÜR? // LK 6,33
Über die Feindesliebe und die Zusage von Glück und Seligkeit 52

18. JESUS FRAGT: WER VON BEIDEN HAT GETAN, WAS DER VATER WOLLTE? // MT 21,31
Von der Lüge in Worten und der Wahrheit im Tun 54

19. JESUS IST GEFRAGT: KÜMMERT DICH NICHT, DASS MEINE SCHWESTER DIE ARBEIT MIR ALLEIN ÜBERLÄSST? // LK 10,40
Über die Aufmerksamkeit im richtigen Augenblick 55

20. JESUS FRAGT: WER KANN MIT SEINER SORGE SEIN LEBEN AUCH NUR UM KURZE ZEIT VERLÄNGERN? // LK 12,25
Über die Unruhe und Ruhe, über die Sorge und Gelassenheit 57

21. JESUS FRAGT: WARUM HABT IHR SOLCHE ANGST? – WARUM HAST DU GEZWEIFELT? // MT 8,26;14,31
Zwei Wundergeschichten über Jesus, den Auferstandenen 59

22. JESUS FRAGT: WAS WILLST DU, WAS SOLL ICH DIR TUN? // MK 10,51
Die Geschichte von Bartimäus, der sehen lernt und Jesus folgt 62

23. JESUS IST GEFRAGT: WAS SOLL DIESE VERSCHWENDUNG? // MK 14,4
Vom Überleben des Glaubens durch das Erinnern und Erzählen 64

24. JESUS IST GEFRAGT: BIN ICH ES ETWA, DER DICH VERRATEN WIRD? // MK 14,19
Über die Zerbrechlichkeit und Rettung der Gemeinschaft 66

25. JESUS FRAGT: BEGREIFT IHR, WAS ICH AN EUCH GETAN HABE? // JOH 13,12
Vom Höchsten, der sich zum Niedrigsten macht 68

26. JESUS FRAGT: KONNTEST DU NICHT EINE STUNDE WACH BLEIBEN? // MK 14,37
Über Angst und Mut in auswegloser Situation 70

27. JESUS FRAGT: WEN SUCHT IHR? // JOH 18,4
Über die Kraft der Liebe und das Ziel der Suche 73

28. JESUS IST GEFRAGT: BIST DU CHRISTUS, DER SOHN GOTTES? – BIST DU DER KÖNIG DER JUDEN? // MK 14,61;15,2
Über die Befragung und Kreuzigung Jesu 75

29. JESUS FRAGT: MEIN GOTT, MEIN GOTT, WARUM HAST DU MICH VERLASSEN? // MK 15,34
Ein verzweifelter Mensch und verwundbarer Gott 77

30. BOTEN GOTTES FRAGEN: WAS SUCHT IHR DEN LEBENDEN BEI DEN TOTEN? // LK 24,5
Über einen unbegreiflichen Anfang nach einem unerhörten Ende 79

31. JESUS FRAGT: WARUM WEINST DU? WEN SUCHST DU? // JOH 20,15
Die Geschichte der Frau, die trauert und sich umwendet 82

32. JESUS FRAGT: WARUM HABT IHR MICH GESUCHT? // LK 2,49
Geschichten aus Jesu Kindheit als Erzählungen von Gott, der Mensch wird 86

33. AUSKLANG 96

NACHKLANG 98

DIE BIBELSTELLEN 102

Ein Leben lang rudern wir auf dem Meer der Fragen,
mal in ruhigem Wellengang, mal in stürmischem Gewässer,
stellen wir Fragen und begegnen wir ihnen,
bewegen sie uns und bewegen wir sie.
Immer sind sie in uns, dann und wann teilen wir sie mit anderen
und manchmal tragen wir sie auch vor Gott.

Am Anfang stand wie aus heiterem Himmel eine Frage im Raum:
Lässt sich die Geschichte Jesu an den Fragen entlang erzählen, die er stellt?
Dieses Buch ist meine Antwort nach drei Jahren des Schreibens.
Ja, Jesus ist ein Mensch, der das Fragen und die Fragen liebt und lebt.
Seine Geschichte ist auch eine Geschichte vieler Fragen.
Jesus selbst ist eine Frage an uns , zeitlos und fortwährend.
Sein Gott ist der Gott der Fragen, vielstimmig und verborgen.
Gott selbst bleibt auch nach allen Antworten die ewige Frage.

Ich wünsche viel Freude mit meinem Zugang zum fragenden Jesus
und hoffe, dass er ein neuer Weg für viele Menschen, jung wie alt, wird,
der zum Kern der menschenfreundlichen Botschaft Jesu führt,
die heute in der Gesellschaft und in den Kirchen zu oft zu kurz kommt.

Rainer Oberthür

1. AUFTAKT

IM ANFANG schuf Gott Himmel und Erde, so wird es erzählt am Beginn der Bibel.
Viele Milliarden Jahre nach dem Urknall ließ Gott den Menschen zur Welt kommen.
Nach dem eigenen Bild schuf Gott ihn, als Frau und als Mann schuf Gott sie.

IM ANFANG war das Wort und das Wort war Gott selbst, lesen wir im Neuen Testament.
Und das Wort erschien in einem Menschen und wohnte mitten unter uns.
Niemand konnte Gott jemals sehen, der einzige Sohn aber zeigte uns, wie Gott ist.

IM ANFANG schuf Gott das Fragezeichen, heißt es in einem jüdischen Sprichwort.
Und Gott legte das Fragezeichen in das Herz eines jeden Menschen, damals wie heute.
Denn was wäre der Mensch ohne Fragen und Suchen, ohne Neugier und Staunen?

IM ANFANG einer neuen Zeit kommt in Jesus Gott selbst als Mensch zu uns, glauben Christen.
Der Gott der Fragen betritt und berührt die Welt in einem Menschen, der ohne Ende fragt.
Denn was wären Antworten ohne die Fragen zuvor und ohne das Weiterfragen danach?

Es ist überraschend und erstaunlich: In den Evangelien finden wir über 220 Fragen von Jesus. Er fragt seine Jünger und Jüngerinnen, Kranke und Arme, Junge und Alte, Freunde und Gegner. Durch Fragen eröffnet er den Weg zum Nachdenken und Glauben, nicht durch Belehrung.

So möchte ich die Geschichte vom Menschen Jesus erzählen mithilfe von vielen Fragen:

- **mit Fragen, die Jesus selber stellt, sich selbst, den Menschen damals und uns heute,**
- **mit Fragen an Jesus, die ihm damals gestellt wurden und die wir uns heute stellen.**

Alle Fragen ermöglichen Antworten über ihn und das Leben, zu seiner und zu unserer Zeit. Alle Geschichten gebe ich frei wieder und deute sie, bleibe dabei jedoch nah an der Bibel. Alles Vergangene erzähle ich, als würde es jetzt passieren, denn es ist bis heute aktuell.

Immer wieder haben Menschen sich Bilder von Jesus gemacht, um zu zeigen, wie er für sie ist. Meine Geschichte verzichtet auf Bilder, die Jesus und damit Gott auf ein Aussehen festlegen. Stattdessen bekommen die Worte Form und Gestalt, damit die Sprachbilder in uns wirken.

2. WIR FRAGEN UNS: WAS WISSEN WIR ÜBER JESUS UND WOHER WISSEN WIR ES?

TATSACHEN ÜBER JESUS UND DIE ANFÄNGE DER CHRISTEN

Beginnen wir mit dem, was wir sicher wissen und was keine Frage des Glaubens ist.
Es ist recht schnell erzählt, aber unbestreitbar als Tatsache wahr und so geschehen:

Jesus hat vor 2000 Jahren gelebt, wird im jüdischen Glauben groß, ist und bleibt Jude.
Einige Jahre lebt er als Wanderprediger, wirkt Wunder und bekommt zahlreiche Anhänger.
Er ist ohne festen Wohnsitz, immer unterwegs, ist an Seeufern und auf dem Wasser,
auf Bergen und am Weg, lebt meistens in ländlichen Gebieten, ist seltener in Städten,
spricht aber auch in Synagogen, in den Wohnhäusern und auf den Marktplätzen.
In der Botschaft Jesu steht die Liebe zu allen Menschen und zu Gott im Mittelpunkt.
Die religiösen Gesetze legt er sehr frei aus und geht offen mit allen Menschen um,
besonders mit denen, die arm und klein am Rande standen und verachtet wurden.
Dadurch gerät er in Streit mit den damaligen religiösen Führern der Juden in Jerusalem.

Um das Jahr 30 verstärkt sich der Konflikt dramatisch. Um größere Unruhen zu vermeiden, wird Jesus von den römischen Machthabern zu Unrecht als politischer Aufrührer verurteilt. Das unterstützen und befürworten die jüdischen Führer der Sadduzäer im Hohen Rat, nicht aber die Pharisäer, denen Jesus nahesteht wie keiner anderen religiösen Gruppe. Um die eigene Macht zu sichern, verurteilt der Statthalter Pontius Pilatus ihn zum Tode. Auf grausame und entwürdigende Weise stirbt Jesus wie ein Verbrecher den Tod am Kreuz.

Diese Ereignisse schreiben nicht nur gläubige Christen, sondern auch Nicht-Christen auf. Sogenannte Geschichtsschreiber berichten von Jesus, von seinem Leben und Tod. Auch die Evangelisten, erst Markus, dann Matthäus und Lukas, zuletzt Johannes erzählen: von Jesu Geburt, seinem Leben, Sterben und auch von der Auferstehung am Ende. Denn zunächst stürzt Jesu Tod seine Freunde in die schwerste Krise: Alles ist vorbei! Doch dann muss etwas ganz und gar Unerklärliches passiert sein, das plötzlich alles ändert. Zuerst bekennt der Apostel Paulus in kurzen Sätzen: Gott hat Jesus von den Toten erweckt.

Schon vor den Evangelisten hat Paulus viele Briefe an die ersten Gemeinden geschrieben.
Zuvor hatte er die Christen verfolgt, dann wird er selbst einer, der Jesus nachfolgt.
Wie wohl kein anderer hat Paulus den Glauben der Christen in der Welt verbreitet.

Das schreckliche Ende wird somit zum Anfang einer frohen Botschaft, die die Welt umspannt.
Wie Paulus wollen die Evangelisten diese Botschaft weitergeben und als Gläubige erzählen.
Aus den kurzen Bekenntnissen werden Geschichten vom auferstandenen Jesus Christus.
Die Evangelisten erzählen weitere Tatsachen aus Jesu Leben immer im Licht des Glaubens.
Jeder schreibt für andere Menschen in ihrer Zeit und zeichnet ein eigenes Bild von Jesus.
Doch sie sind sich einig: Jesus ist als Mensch auch Gottes Sohn und lebt weiter bei Gott.
Wie die Geschichte der Botschaft Jesu und der ersten Christen dann weitergeht,
können wir in der Apostelgeschichte lesen, die auch der Evangelist Lukas in Worte fasst.

3. WIR FRAGEN UNS:
WIE ERZÄHLEN WIR VON JESUS UND WOMIT FANGEN WIR AN?

DER WEG DURCH DIE BIBEL ALS EIN GESCHICHTENHAUS MIT VIELEN TÜREN

Stellen wir uns die Bibel vor als ein Haus mit vielen Räumen im Erdgeschoss und Obergeschoss!
Unten finden wir die Geschichten der Heiligen Schrift der Juden, des Ersten Testaments.
Oben sind die Erzählungen und Briefe des Neuen Testaments der Christen zu entdecken.
In die oberen Räume der Christen kommen wir nur über das Erdgeschoss der Juden.
Die Juden sind Gottes erste Liebe. Ihr Glaube ist die Wurzel des christlichen Glaubens.
Wer sich damit auskennt, kann Jesus verstehen, denn er war Jude und blieb es bis zum Tod.
Die Wände des Hauses sind wie Spiegel, denn die Geschichten der Bibel erzählen von uns.
Wir lesen die Bibel, und die Bibel liest uns. Wir entdecken darin uns selbst und das Leben.

Wenn ich nun von Jesus erzähle, betreten wir das Haus der Bibel und gehen hindurch.
An jeder Tür steht eine Frage, die Jesus gestellt hat oder die wir und andere Jesus stellen.
In jedem Raum erwartet uns eine Geschichte, die uns etwas zeigt von diesem Menschen.

Doch nie zeigt Jesus sich ganz, können wir alle Türen öffnen und jeden Raum besuchen. Jeder Mensch erzählt anders, und alle Menschen hören das Erzählte im eigenen Licht. Immer bleibt Jesus ein Geheimnis, nicht zu verstehen, eine Frage, nicht zu beantworten.

Seit fast 2000 Jahren erzählen Menschen von diesem einzigartigen Menschen Jesus, der wie vom Himmel auf die Erde kam, einer von uns war und doch ganz anders als wir. Dabei geht jeder Mensch seinen eigenen Erzählweg, der niemals vollständig ist. Er führt aus einzelnen farbigen Mosaiksteinen eine Lebensgeschichte vor Augen. Andere betrachten und bestaunen dieses farbenfrohe Leben wie in einem Kaleidoskop. Sie machen sich ihr eigenes Bild von einem Menschen, der unerklärlich bleibt.

In diesen Geschichten, die wir einander erzählen, lebt Jesus und wohnt damit auch Gott. Das Erzählen von Jesus hat seine Wurzeln in all dem, was in der Bibel zu lesen ist. Die Geschichten der Bibel sind keine Märchen, sondern tief in der Geschichte verankert. Sie haben eine äußere Wahrheit, wollen aber nicht wie Nachrichtenberichte informieren. Wichtiger ist ihre innere Wahrheit, die in uns wahr werden kann, wenn wir sie hören, wenn wir in sie hineingehen, sie unser Leben berührt und es entscheidend verändert.

Wer die Lebensgeschichte eines Menschen erzählt, beginnt meistens mit der Geburt, entfaltet Ereignisse, Taten und Worte aus dem Leben bis hin zum Sterben und Tod. Bei Jesus gibt es gute Gründe, ganz anders anzufangen und mit dem Ende zu beginnen. Das ist sicher ungewöhnlich, aber so können wir den Menschen Jesus tiefer verstehen. Denn der Tod war nicht das Ende. Als Jesus gestorben ist, brutal gekreuzigt, denken alle:

Jetzt ist alles aus: der Glaube am Ende – die Hoffnung zerstört – die Träume zerplatzt!
Doch dann fängt es erst richtig an. Da muss etwas völlig Unglaubliches passiert sein.
Alle, die Jesus nachgefolgt sind, erfahren und erkennen auf eine unbegreifliche Weise:
Er ist weiter bei uns, lebt anders weiter, ist auferstanden, hat die Macht des Todes besiegt.

Alles, was im Neuen Testament steht, ist von diesem unbegreiflichen Glauben her zu sehen.
Die Erfahrungen mit dem Auferstandenen bestimmen die Paulus-Briefe und die Evangelien.
Alles wird erzählt unter dem Eindruck, dem Erleben und der Einsicht der Auferstehung.
Nur von diesem unvergleichlichen Ereignis her können wir ein wenig begreifen, wer Jesus ist.
Nur von seiner Auferstehung her können wir die Geschichten von Jesus wirklich verstehen:
den Anfang seiner geheimnisvollen Geburt, die Jahre seines Lebens mit den Menschen,
den schrecklichen Tod am Kreuz, der Ende und zugleich ganz neuer Anfang war.

Fangen wir also an, die Geschichte Jesu als eine Geschichte vieler Fragen zu erzählen.
Beginnen wir am Ende, als alles vorbei zu sein scheint, in Wahrheit aber erst richtig losgeht.
Am Anfang steht eine uns überlieferte Frage, die Jesus nach seinem Tod gestellt hat.

4. JESUS FRAGT:
WORÜBER REDET IHR DA AUF EUREM WEG? // LK 24,17

DIE UNGLAUBLICHE GLAUBENSGESCHICHTE DER EMMAUS-JÜNGER

Viele Geschichten werden erzählt vom neuen Anfang nach dem Ende, die schönste geht so:

Nach dem Tod Jesu sind zwei Jünger auf dem Weg von Jerusalem nach Emmaus,
das zwölf Kilometer entfernt ist. Sie sprechen über das, was in Jerusalem passiert ist.
Während sie mit Herz und Seele ihre Gedanken austauschen, kommt jemand zu ihnen.
Dieser geheimnisvolle Mann ist einfach bei ihnen und begleitet sie auf ihrem Weg.
Und sie erkennen diesen Menschen nicht, der ihnen schon so lange so vertraut ist.
Wie mit Blindheit sind sie geschlagen, als würde Gott selbst ihre Augen verschließen.

Der namenlose Mann fragt die Jünger: Worüber redet ihr da auf eurem Weg?
Da bleiben sie stehen und halten traurig inne. Der mit dem Namen Kleopas wundert sich:
Bist du so fremd, dass du als Einziger in Jerusalem nicht weißt, was dort geschehen ist?
Er fragt: Was denn? Sie antworten: Das mit Jesus von Nazaret. Er war ein Prophet.
Alles, was er sagte und tat vor Gott und dem Volk, war kraftvoll und voller Weisheit.
Doch er wurde den Römern ausgeliefert. Sie haben ihn zum Tode verurteilt und gekreuzigt.
Wir haben gehofft, dass er der Retter Israels ist. Heute ist schon der dritte Tag seit seinem Tod.

Nun haben einige Frauen aus unserem Kreis uns in große Aufregung versetzt.
Sie waren in der Frühe am Grab, doch sie fanden dort den toten Körper Jesu nicht.
Sie erzählten, ein Engel ist ihnen erschienen und seine Botschaft lautet: Jesus lebt!
Einige von uns gingen zum Grab. Sie fanden alles so, wie die Frauen es gesagt haben.
Jesus selbst haben sie nicht gesehen. Da fragt der Mann: Begreift ihr immer noch nichts?
Wie schwer fällt es euch zu glauben, was die Propheten immer schon gesagt haben?
Musste nicht der Christus alles ertragen, bevor er in die Herrlichkeit Gottes kommt?
Und dann erklärt er ihnen alles, was in der ganzen Schrift der Bibel bereits über ihn steht.

So erreichen sie das Ziel ihres Weges in Emmaus. Der Begleiter auf dem Weg tut so,
als ob er weitergehen will. Doch sie drängen ihn: Bleib bei uns, denn es wird Abend.
Der Tag neigt sich dem Ende zu. Da geht er mit hinein, um bei ihnen zu bleiben.
Und als er zusammen mit ihnen bei Tisch ist, nimmt er das Brot, spricht den Lobpreis,
bricht das Brot und gibt es ihnen. Da auf einmal werden ihre Augen aufgetan.
Sie erkennen ihn wahrhaftig, und im selben Augenblick ist er nicht mehr zu sehen.

Jetzt erfahren und erkennen sie: Der Mensch auf dem Weg war Jesus Christus selbst.
Und sie sagen zueinander: Brannte nicht unser Herz, als er mit uns unterwegs war
und als er uns den Sinn der Schrift erklärte? Sofort kehren sie nach Jerusalem zurück.
Dort finden sie die elf Apostel und die anderen Jünger miteinander versammelt.
Auch sie erzählen: Der Herr ist wirklich auferstanden, er ist Simon Petrus erschienen.
Da erzählen sie, was sie erlebt haben, und wie sie Jesus erkannten, als er das Brot brach.
LK 24,13–35

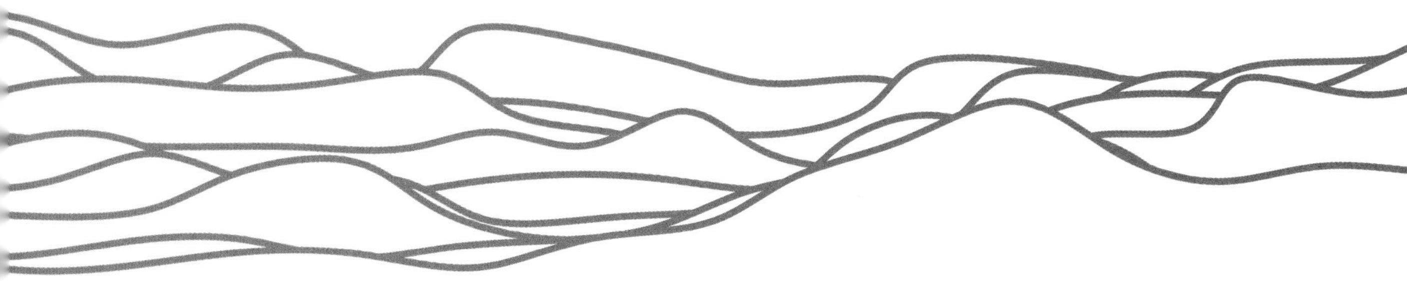

Lukas erzählt uns einfach Unglaubliches. Nur in Gegensätzen ist das in Worte zu fassen. Jesus ist da, und die Jünger verstehen nichts, aber als sie begreifen, ist er nicht mehr zu sehen. Mit Jesus ist es wie mit Gott. Er ist weiter immer da, ganz anders, geistreich und verborgen. Gott ist und bleibt ein Geheimnis, das stillste und gewaltigste, das kleinste und größte, das ohnmächtigste und machtvollste überhaupt, verborgen und gegenwärtig zugleich. Der Glaube an Jesus Christus macht uns Mut zu sagen: Gott ist in Jesus anwesend. Jesus selbst ist ein Mensch, in dem Gott sich zeigt und da ist wie nirgendwo sonst. Das Geheimnis der Auferstehung lässt uns glauben, dass sich Gott selbst klein macht, verletzlich, verwundbar, erniedrigt, damit Gottes bedingungslose Liebe erfahrbar wird.

Im Menschen Jesus teilt Gott mit uns Menschen die Größe und genauso alle Grenzen, die ganze Freude wie auch die Traurigkeit, die ganze Freiheit wie auch die Abhängigkeit, alle Sehnsucht wie auch die Gleichgültigkeit, allen Lebenswillen wie auch die Sterblichkeit. Wenn Gott den Menschen so bedingungslos liebt, dann fällt auch die Grenze des Todes. Dann dürfen wir hoffen, dass niemand verloren geht, der jemals auf Erden gelebt hat. Dann dürfen wir glauben, dass nicht nur Jesus, sondern alle Menschen auferweckt werden. Was für eine großartige Nachricht – was für eine Freude schon in diesem Leben auf der Erde!

Lukas gibt nur einem Jünger einen Namen, nämlich Kleopas. Der andere bleibt namenlos. Er steht für alle, die diese Glaubensgeschichte hören. So stellt Lukas uns allen die Fragen: Glaubt ihr, was hier erzählt wird? Könnt auch ihr im Leben etwas von Jesus erfahren, wenn ein geliebter Mensch viel zu früh stirbt und doch tief im Herzen bei euch bleibt, wenn ihr am Boden zerstört seid und doch Menschen euch trösten und wieder aufrichten, wenn alles zu Ende zu gehen scheint, doch die Hoffnung, der Glaube und die Liebe bleiben?

5. JESUS FRAGT: WAS SUCHT IHR? // JOH 1,38

WIE ALLES ANFING MIT JESUS UND SEINEN NACHFOLGERN

Wer ist dieser Mensch Jesus, von und mit dem Menschen so Unglaubliches erfahren haben, dass sie erzählen, dass er durch Gewalt am Kreuz stirbt und doch stärker als der Tod ist? Gehen wir *drei Jahre zurück* in der Zeit, als Jesus erstmals öffentlich auftritt und auffällt.

Erste Geschichten von Jesu Worten und Wirken erzählen uns die vier Evangelisten. Und wir beginnen mit der ersten Frage Jesu, von der im Neuen Testament erzählt wird. Jesus steht ganz am Anfang seines Wirkens, ungefähr 30 Jahre nach seiner Geburt. Plötzlich ist er da, beim Täufer Johannes, der in der Wüste predigt und am Jordan tauft. Johannes gilt für viele als Hoffnung zum Guten. Er wird verehrt als neuer Prophet.

Auch Jesus aus Nazaret kommt aus Galiläa zu Johannes und lässt sich im Fluss taufen.
Kaum ist er aus dem Wasser aufgestiegen, da sieht er, wie der Himmel sich öffnet.
Den Geist Gottes sieht er wie eine Taube auf sich herabkommen und hört eine Stimme,
die vom Himmel her ruft: Du bist mein geliebter Sohn, an dir habe ich meine Freude.
MK 1,9–11

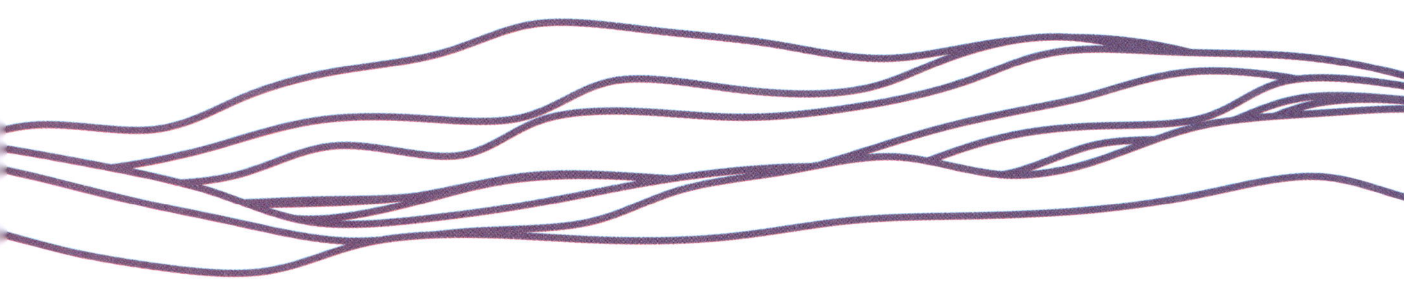

Eine Zeit lang tauft Jesus vermutlich bei und mit und wie Johannes viele Menschen.
Als Johannes der Täufer gefragt wird, ob er der Retter sei, auf den alle warten,
meint er: Nein, denn ich taufe nur mit Wasser, Jesus aber tauft mit Heiligem Geist.
Da sieht er Jesus auf sich zukommen und spricht es aus: Das ist der Sohn Gottes!
Am Tag danach steht Johannes wieder dort, und zwei seiner Jünger sind bei ihm.
Da geht Jesus vorüber. Johannes schaut auf und sagt: Seht, er ist und kommt von Gott!
Als die beiden Jünger das hören, folgen sie Jesus. Da wendet Jesus sich um.
*Er fragt die beiden: **Was sucht ihr?** Sie fragen ihn: Rabbi, wo wohnst du?*
Jesus antwortet: Kommt und seht! Und sie gehen mit und bleiben bei ihm.
JOH 1,33–39

Was suchen wir? Diese Frage Jesu stellt sich jedem. Ein Leben lang sind wir auf der Suche.
Wir suchen nach Sinn und Wahrheit, nach Glück und Frieden, nach dem Ich und dem Du.
Wir fragen nach dem Warum und Wozu, dem Woher und Wohin und in allem nach Gott.
Jesu erste Frage trifft uns mitten ins Herz, sie weckt unsere Sehnsucht nach dem Fragen.
Von Anfang an, seit uns Gottes Geist eingehaucht ist, ist unsere Seele auf der Suche.
Von Beginn an wollen wir die Welt entdecken und über alles staunen, was da ist.
Wir wollen neugierig alles hinterfragen und den Sinn hinter allem Sinn finden.

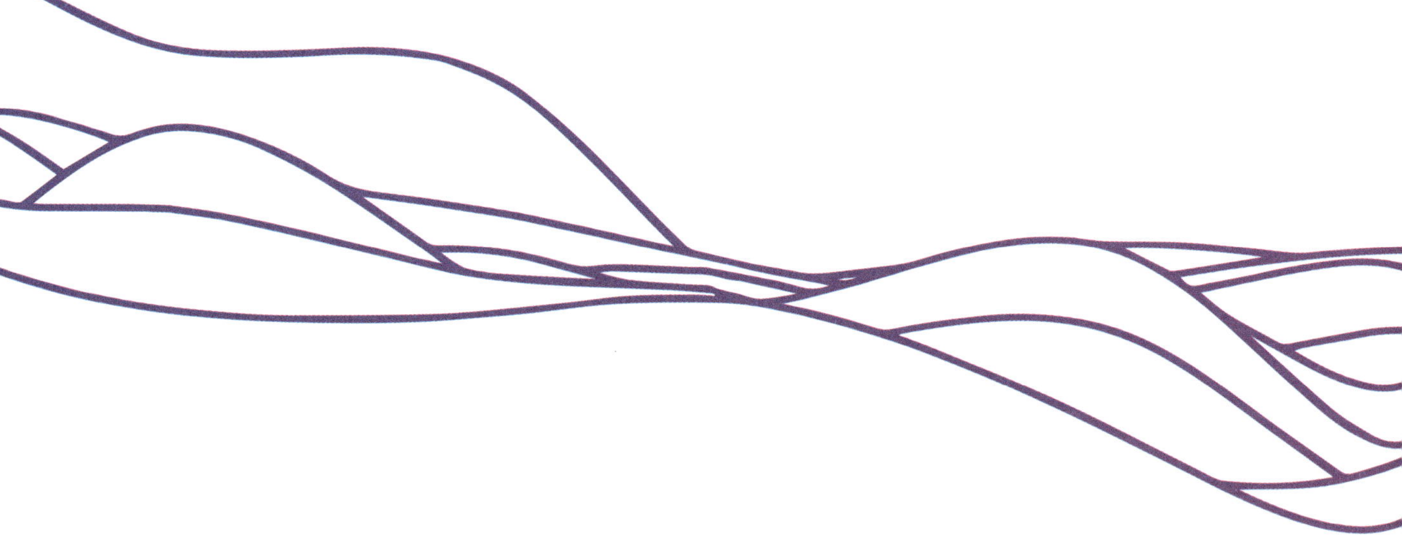

Jesus sammelt nach und nach erste Jünger und Jüngerinnen, die ihm nachfolgen.
Er wird vom Mitarbeiter des Johannes selbst zum Rabbi, also zum Lehrer und Meister.
Jesus und seine ersten Jünger taufen nun auch allein Menschen, die zu ihnen kommen.
Johannes aber wird gefangen genommen und von den Römern brutal ermordet.
Darauf geht Jesus von Judäa im Süden nach Galiläa in den Norden und tauft nicht mehr.
Dort beginnt er, seine Botschaft von Gottes Reich zu verkünden und Menschen zu heilen.
Worte und Wunder stehen nun im Mittelpunkt seines Wirkens für immer mehr Menschen.
Am Anfang steht wie eine Überschrift für alles, was nun kommt, folgende Aufforderung Jesu:
Die Zeit ist gekommen, das Reich Gottes ist nahe, es steht schon vor der Tür.
Kehrt um und glaubt an Gottes frohe Botschaft!
MK 1,15

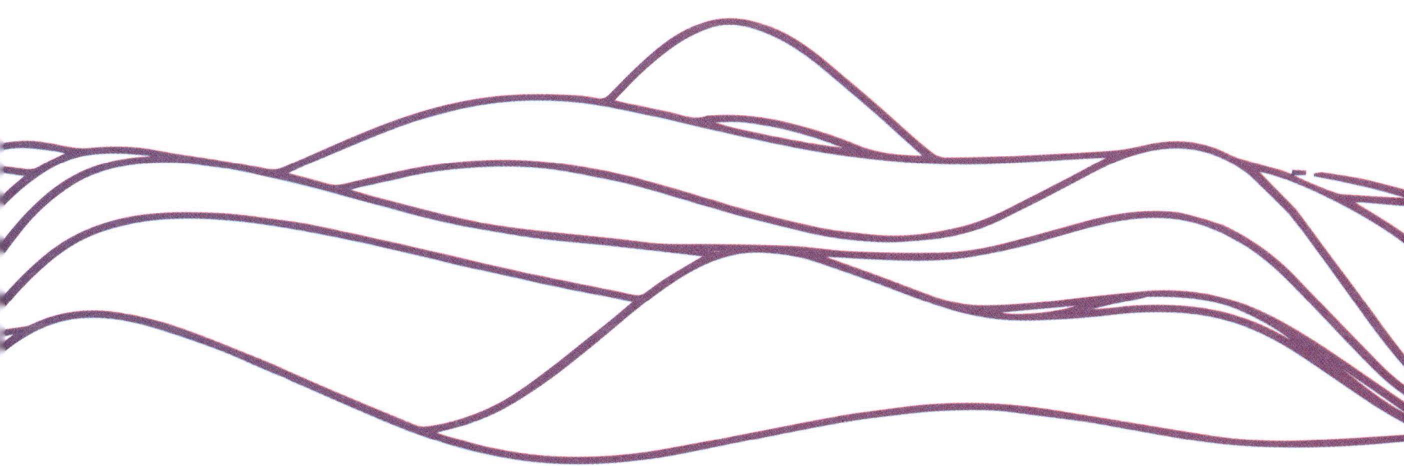

6. JESUS FRAGT:
WILLST DU GESUND WERDEN? // JOH, 5,6

GESCHICHTEN VON WUNDERN UND VOM STAUNEN ÜBER GOTTES NÄHE

Sicher ist: Jesus hat außergewöhnliche Taten vollbracht. Davon berichten Nicht-Christen. Das erzählen alle Evangelisten. Fast 30 Wundererzählungen finden wir im Neuen Testament. Bei Jesus werden Menschen gesund, werden von schweren, langwierigen Krankheiten geheilt, können wieder sehen, hören und gehen, finden auf neue Weise Kraft, Mut und Vertrauen. Jesus ist aber kein Zauberer, der einfach gegen den Willen der Menschen etwas bewirkt. Wahre Wunder geschehen nicht von allein, sondern nur dann, wenn Menschen es wollen.

Der Evangelist Johannes erzählt, wie Jesus den Weg hinauf nach Jerusalem geht.
Dort kommt er zu einem Teich mit heilendem Wasser, den die Menschen Bethesda nennen.
In fünf Hallen bei dem Heilbad liegen viele Kranke, darunter auch Blinde und Lahme.
Dort ist auch ein Mann, der bereits 38 Jahre lang krank ist. Jesus kommt zu ihm, sieht ihn,
erkennt, wie lange er schon krank ist, und fragt ihn: Willst du gesund werden?
Der Kranke antwortet: Herr, ich habe keinen Menschen, der mich in den Teich trägt.
Sobald das Wasser von unten brodelt, sind die anderen schneller und ich komme zu spät.
Da fordert Jesus ihn auf: Steh auf, nimm deine Bahre und geh!
Und sofort wird der Mann gesund, nimmt seine Bahre und geht.

JOH 5,1–9

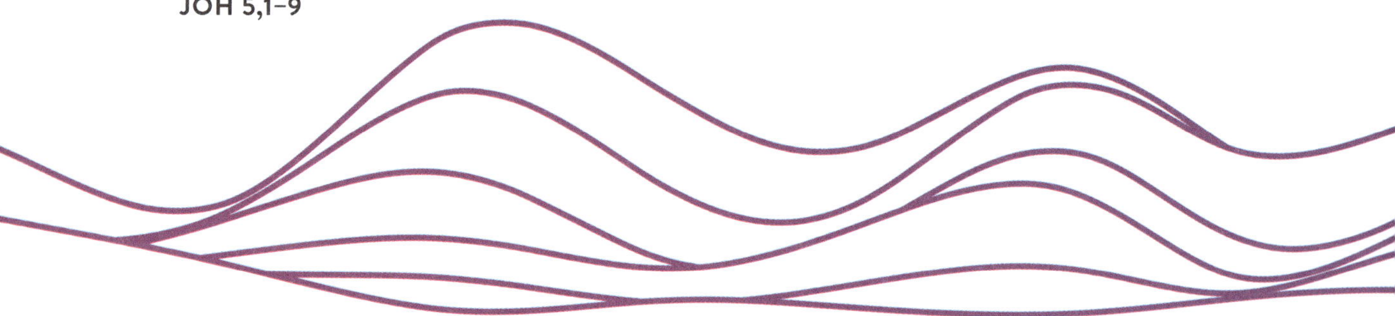

Jesus braucht keinen Zauber mit Heilwasser. Allein die Begegnung mit ihm macht gesund.
Doch das gelingt nur dann, wenn der Kranke auch gesund werden will und sich hingibt,
wenn sein Glaube ans Gesundwerden groß ist und er sich Jesus wirklich anvertrauen kann.
Bei Wundern in der Bibel geht es nicht darum, dass Regeln der Natur gebrochen werden.
Es geht immer um das Ungewöhnliche und Unerwartbare, Unfassbare und Unerklärliche,
was die Menschen mitten im Leben ins Staunen versetzt und manchmal sogar erschreckt.
Gott holt die Menschen aus der Gleichgültigkeit und erweckt sie wunderbar zu neuem Leben.
Jesus zeigt durch seine Taten voller Macht: Gott, der Schöpfer, ist stärker als das Chaos.
Seit dem Anfang lässt Gott aus Chaos, Irrsal und Wirrsal den gesamten Kosmos entstehen.
Kosmos, das heißt übersetzt: die Ordnung, der Glanz und die Schönheit der ganzen Welt.
Das Chaos ist weiter mächtig, Gott aber bleibt stärker und erhält seine schöne Schöpfung.
Doch Gott greift nicht selbst ein in die Welt, er handelt durch, in und mit den Menschen.
Gott muss alles tun, und der Mensch muss alles tun: Dann können wir Wunder erleben.
Wenn das Wunder geschieht, hören wir Jesus oft sagen: Dein Glaube hat dich gerettet!
An anderen Orten kann er kein Wunder wirken, da die Menschen nicht glauben.

Jesus heilt nicht, weil er ein Fachmann für Medizin ist oder magische Zaubersprüche kennt.
Er heilt mit einer Begabung voller Macht durch Gott. Durch und in Jesus handelt Gott selbst.
Er richtet Leib und Seele wieder auf, befreit Körper und Geist von zerstörerischen Kräften.
Die Wunder Jesu zeigen, dass Gottes Reich schon angefangen hat und eine neue Zeit beginnt.
Mit diesem Reich ist kein Land oder Palast gemeint, sondern die Erfahrung, dass Gott nah ist.
Durch und in Jesus ist Gott nah bei uns Menschen, schon in dieser Welt und unserem Leben.
Gottes Reich beginnt schon bei und mit und durch uns, wo immer Menschen Gutes tun,
jedes Mal, wenn Liebe und Gerechtigkeit in unser Leben kommen und die Welt verändern.
Und eines Tages wird alles gut sein, wie wir es uns schon immer erträumen und ersehnen.

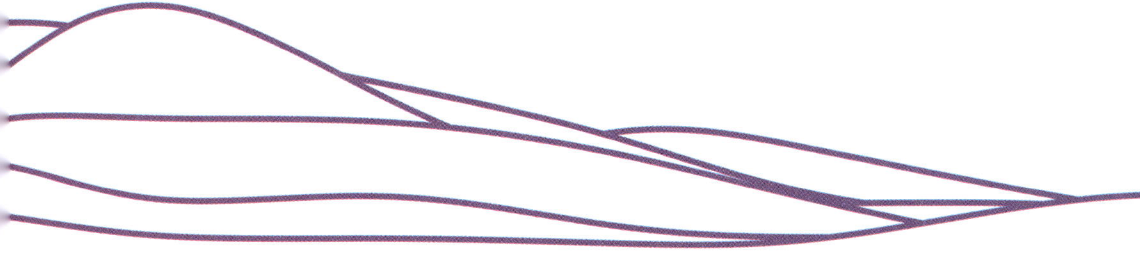

7. JESUS FRAGT:

IST ES AM SABBAT ERLAUBT, GUTES ZU TUN ODER BÖSES? // LK 6,9

ÜBER DEN SINN UND DIE GRENZEN VON GEBOTEN

Jesus hat viele Freunde und Anhänger, aber auch Gegner, die ihn misstrauisch beobachten. Mit den Pharisäern ist sich Jesus in vielen Fragen einig, zum Beispiel bei der Auferstehung. Doch bei ihnen gibt es strenge Gesetzesvertreter, die alle Vorschriften haargenau einhalten. Sie verlangen das auch von allen anderen und ertragen nicht, wenn es jemand anders sieht.

Es geschieht am Sabbat, dem Feiertag und Ruhetag Gottes, dass Jesus in der Synagoge lehrt. Dort ist ein Mann, dessen rechte Hand verkrüppelt ist, sodass er nichts damit tun kann. Die Strengen unter den Schriftgelehrten und Pharisäern passen auf, ob er den Kranken heilt. Denn am Sabbat ist jede Arbeit verboten, und sie suchen einen Grund, Jesus anzuklagen. Er aber kennt ihre Gedanken und spricht den Mann mit der kranken Hand direkt an: Steh auf und stell dich in die Mitte! Sofort erhebt sich der Mann und stellt sich aufrecht hin.

Da spricht Jesus: Ich frage euch: Ist es am Sabbat erlaubt, Gutes zu tun oder Böses?
Ist es erlaubt, ein Leben zu retten oder zu vernichten? Der Reihe nach sieht er jeden an.
Zum Mann sagt er: Streck deine Hand aus! Er tut es, da wird seine Hand wiederhergestellt.
Sie aber in ihrer Unvernunft beraten sich, was sie wohl gegen Jesus unternehmen können.
LK 6,6–11

Für Jesus ist es ganz klar: Ein Gesetz darf nicht verhindern, dass jemand gerettet wird.
Der Sabbat ist für Menschen eingerichtet, der Mensch ist nicht für den Sabbat da. (Mk 2,27)
Das hat Jesus an anderer Stelle über Gottes Ruhetag gesagt und immer danach gehandelt.
Gebote sind wichtig und sinnvoll, dürfen aber niemals zu Lasten von Menschen gehen.
Alles, was gut und notwendig ist, darf und soll zugunsten der Menschen geschehen.
Gottes Weisungen gelten weiter, müssen aber zusammengehalten werden durch die Liebe.
Eine Liebe ohne Regeln führt in Sackgassen, Regeln ohne Liebe aber werden zum Gefängnis.

8. JESUS FRAGT:
HAT DICH KEINER VERURTEILT? // JOH 8,10

VOM AUFRICHTEN
UND AUFERSTEHEN ZU JEDER ZEIT

Im Wort Auferstehung steckt das Aufstehen. Jeden Tag erwachen wir und stehen auf.
Ein kranker Mensch ist am Boden und braucht Hilfe: Menschen, die ihn neu aufrichten.
Jesu Auferstehung hat mit dem Aufstehen im Alltag zu tun und ist doch viel mehr.
Gemeint ist das Auf-er-stehen, das erst aus der Kraft von Gottes Geist möglich wird.
Schon in seinem Leben hat Jesus immer wieder gezeigt, was Auf-er-stehen heißt.
Er hat aus der Kraft Gottes gelebt, die im Glauben an die Auferstehung wirksam wird.
Jesus hat den Kranken das Aufstehen ermöglicht, hat die Erniedrigten aufgerichtet
und ist besonders zu all denen gekommen, die es nötig haben und ihn brauchen.

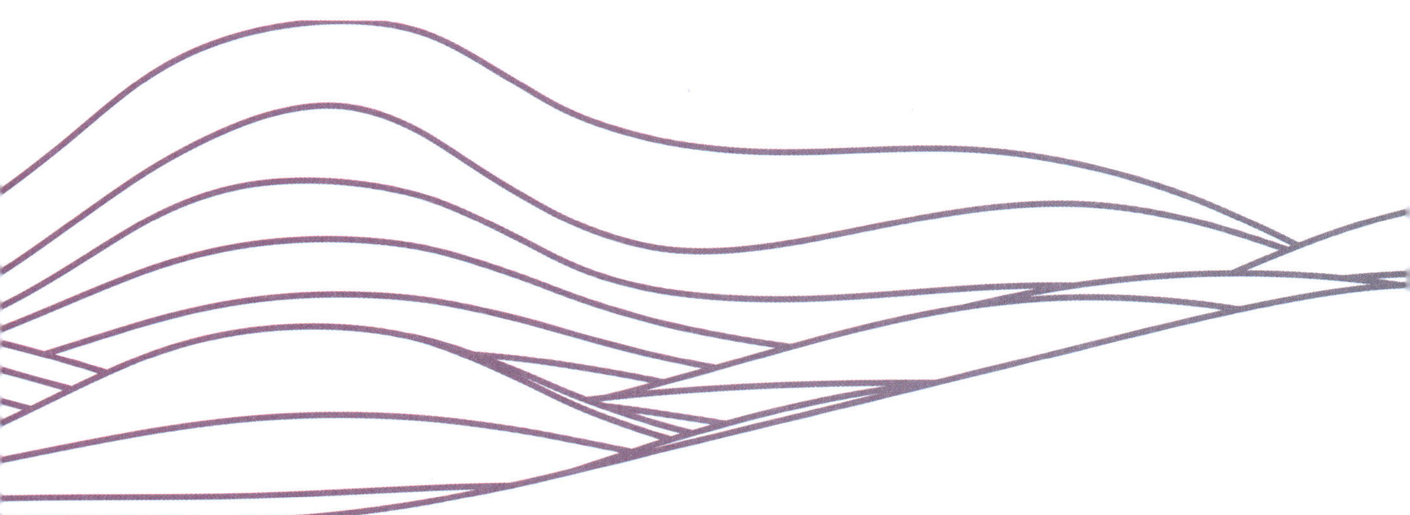

Einmal wird eine verheiratete Frau zu Jesus gebracht. Sie wird beschuldigt und angeklagt,
heimlich einen anderen Mann zu haben, was früher mit Tod durch Steinigung bestraft wird.
Jesus wird gefragt: Was sagst du dazu? Er bückt sich, schreibt mit dem Finger auf die Erde.
Als sie ihn hartnäckig weiterfragen, richtet sich Jesus wieder auf und antwortet ihnen:
Wer von euch niemals etwas falsch gemacht hat, der werfe den ersten Stein auf die Frau!
Dann bückt er sich wieder, macht sich klein und schreibt weiter ganz unten auf die Erde.
Da geht leise einer nach dem anderen fort, zuerst die Ältesten, dann die Jüngeren.
Als Jesus allein mit der Frau ist, richtet er sich wieder auf und fragt verwundert:
Wo sind alle geblieben? Hat dich keiner verurteilt? Die Frau antwortet: Keiner, Herr.
Da sagt Jesus: Auch ich verurteile dich nicht. Geh und mache von nun an alles richtig!
JOH 8,3–11

Niemals schaut Jesus auf das, was ein Mensch in der Vergangenheit falsch gemacht hat.
Immer schaut Jesus auf das Leid des Menschen und auf das, was er jetzt gerade braucht.
Er schaut auf die Schwachheit und die Not, und das führt nicht zur Bestrafung und Gewalt.
Er hilft und zeigt so die unerschütterliche, bedingungslose Liebe Gottes zu den Menschen.
Immer wieder dürfen wir neu beginnen. In jedem Ende liegt bereits ein neuer Anfang.
Wer zu Boden geht und ganz unten ist, der kann auch wieder Kraft finden und aufstehen.
So gilt es auch für uns und für immer: Wer im Leben stirbt, der kann wiederauferstehen.

9. JESUS IST GEFRAGT:

WARUM IST JESUS ZU DEN MENSCHEN GEKOMMEN UND ZU WEM?

DIE GESCHICHTE VON ZACHÄUS, DEM FRAGENSTELLER, ZWEIFLER UND SUCHER

Warum ist Jesus zu den Menschen gekommen? Für wen ist Jesus zuallererst da?
Solche Fragen werden Jesus immer wieder gestellt, schon damals und bis heute.
Im ganzen Neuen Testament finden wir vielfältige Antworten auf diese Fragen:
für die, die schon an Gott glauben, aber auch für die, die nicht glauben können.
Die nun folgende Geschichte gibt eine überraschende und überzeugende Antwort.
Sie erzählt von Zachäus, das heißt: der Gerechte. Ob Zachäus dem Namen gerecht wird?
Sehr viel wissen wir nicht über Zachäus. Vielleicht beginnt sein Leben zunächst so:

Von Anfang an ist Zachäus klein. Er kommt winzig auf die Welt und bleibt sehr klein.
Während seine Geschwister und Freunde wachsen, bleibt er ihnen an Größe zurück.
Oft fühlt er sich nicht beachtet, in allem benachteiligt und zu kurz gekommen.
Doch so klein er in Zentimetern auch ist, schon als Kind hat er große Fragen.
Über alles auf der Welt und im Leben kann er sich wundern und ohne Ende staunen.
Eigentlich ist er immer auf der Suche und denkt gründlich über alles nach.
So fragt sich Zachäus: Warum lebe ich eigentlich? Warum bin ich so, wie ich bin?
Woher kommt die Welt und das Leben? Hat ein Gott das alles werden lassen?
Wer und wo und wie ist Gott und warum können wir Gott niemals sehen?
Doch leider bleibt Zachäus dabei stumm und behält all seine Fragen still für sich.

Er traut sich nicht, sie zu stellen. Ihm fällt auch nicht auf, dass jeder Mensch sie hat. Schließlich denkt er: Ich bin eben anders als die anderen und wohl etwas seltsam.

So verlernt Zachäus Jahr für Jahr mehr und mehr das Staunen, Fragen und Suchen. Er richtet sich ein in der Welt der Großen und hält alles für selbstverständlich. Als Erwachsener versteht er schnell, dass nur diejenigen an die Macht kommen, die zumindest so tun, als wäre das Staunen und Suchen allein etwas für Kinder, als hätten die Erwachsenen immer alle Antworten und überhaupt keine Fragen mehr. Bei erster Gelegenheit ergreift Zachäus einen Beruf, der ihn reich und mächtig macht. Erst wird er Zöllner, dann Oberzöllner. Er nimmt den Juden, Menschen seines Volkes, im Auftrag der fremden Römer, die das ganze Land beherrschen, das Steuergeld ab. Dabei verlangt er wie alle Zöllner damals mehr, als er darf. Den Rest behält er für sich. Am Anfang denkt Zachäus: Jetzt komme ich groß raus und zeige allen, was ich kann. Doch schnell wird er einsam und ist überall unbeliebt. Echte Freunde hat er nicht. Da spürt er immer mehr: In ihm ist eine tiefe Sehnsucht nach einem glücklichen Leben. Und die Fragen nach dem Sinn des Ganzen ergreifen wieder sein Herz und seine Seele. Sein Suchen nach dem Woher und Wohin und dem unbegreiflichen Gott erwacht neu.

Eines Tages hört er die anderen aufgeregt reden: Heute kommt Jesus in unsere Stadt! Viele sind ihm begegnet und sind ganz erfüllt. Er ist ein Mensch, in dem Gott nah ist. Er steht mit beiden Beinen auf der Erde und scheint doch wie vom Himmel gefallen. Ob Zachäus zu ihm gehen soll? Ob er sich traut? Ob das sein Leben verändern wird? Da hat er eine Idee, die ihm ermöglicht, Jesus zu sehen, ohne ihm zu nah zu kommen. Zachäus läuft auf dem Weg von Jesus voraus und klettert in einen Feigenbaum. Dort in guter Deckung versteckt, kann er Jesus im Vorübergehen aus der Ferne sehen.

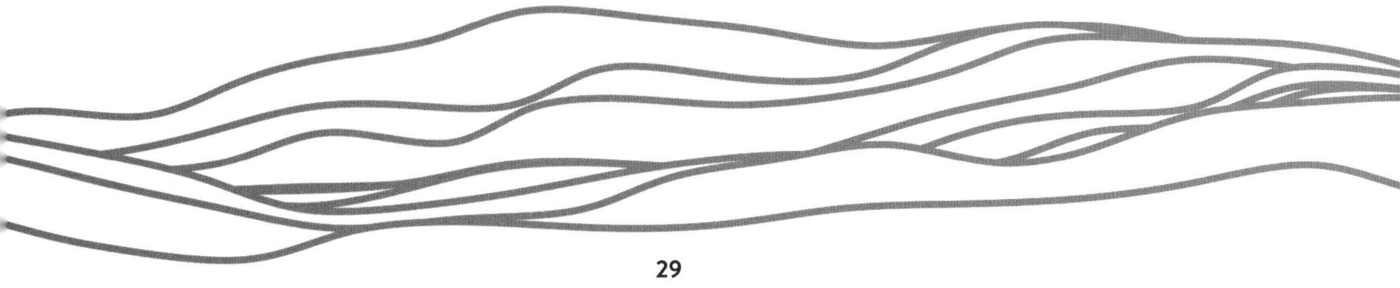

Da geschieht Unerwartetes: Jesus kommt näher, schaut hinauf und spricht ihn an:
Zachäus, komm schnell herunter! Denn heute muss ich bei dir in deinem Haus bleiben!
Da steigt er schnell herunter und nimmt Jesus freudig bei sich zu Hause auf.
Alle, die das sehen, empören sich und meinen: Er ist bei einem Sünder eingekehrt.
Zachäus aber spricht zu Jesus: Die Hälfte meines Vermögens gebe ich den Armen,
und wenn ich von jemandem zu viel gefordert habe, gebe ich ihm das Vierfache zurück.
Da freut sich Jesus und spricht: Heute ist diesem Haus Gottes Glück geschenkt worden.
Auch dieser Mann gehört zum Volk Gottes. Nun kann jeder Mensch sehen und verstehen:
Ich bin zu euch gekommen, um zu suchen und zu retten, was verloren ist.
LK 19,1–10

So endet die Geschichte sehr plötzlich. Worüber haben die beiden wohl gesprochen?
Wie geht es jetzt weiter mit Zachäus? Er folgt Jesus nicht wie die engsten Freunde.
Aber sicher hat er sein Leben verändert, den Beruf gewechselt und Gottes Glück gefunden.
Zachäus wird seinem Namen gerecht und zum Gerechten, als Jesus ihm begegnet.
Je länger ich über ihn nachdenke, umso mehr mag ich ihn und erkenne mich selbst in ihm.
Erst als der Kleine und Unscheinbare sich vorsichtig sichtbar macht, wird er gesehen.
Erst als Jesus ihn mit Namen anspricht, sieht er sich neu und gewinnt neues Ansehen.
Jesus kommt besonders zu denen, die nicht alles richtig gemacht und sich verloren haben.
Zachäus aber hat nie vergessen: Jeder Mensch ist ein Suchender mit Fragen und Zweifeln.
Vielleicht hat sich Zachäus immer gesehnt nach einem Mehr als alles auf der Welt.
Vielleicht war er sein Leben lang auf der Suche nach Gott, hat aber immer nur oben gesucht.
Und dann schaut er im Baum nach unten und entdeckt im Menschen Jesus tatsächlich Gott.

Manchmal hilft es, wenn Menschen nicht sofort begeistert sind und Abstand halten,
aber neugierig aus der Ferne schauen, was passiert, und dabei ansprechbar bleiben.
In unserem Leben und besonders bei der Frage nach Gott brauchen wir alle Geduld.
Gott ist ein Geheimnis, zeigt sich nicht direkt, möchte nur verkleidet erscheinen.
Gott versteckt sich und hält doch immer Ausschau nach uns, ähnlich wie Zachäus.
Doch sogar in unserem Fragen und Suchen ist Gott selbst in unserer Welt insgeheim da.
Wer glaubt, muss mit Gottes Verborgenheit genauso leben wie ein Mensch, der nicht glaubt.
Vielleicht hat der Glaubende nur andere Erwartungen an Gott und mehr Geduld mit Gott.
Auch wer glaubt, hat mehr Fragen als Antworten, und jede Antwort weckt neue Fragen.
Der Glaube und die Zweifel sind wie Geschwister, die einander brauchen und umarmen.
Tatsächlich wendet sich Jesus besonders den Fragenden, Zweifelnden und Suchenden zu.
Wenn wir gemeinsam fragen, zweifeln und suchen, kann Jesus uns besonders nah sein.
Dann können wir immer neu das Geheimnis Gott entdecken, aushalten und bewahren.

Auch die folgende Geschichte gibt eine Antwort auf die Frage, zu wem Jesus kommt:
Als Jesus wieder an den See geht, folgt das Volk ihm. Jesus lehrt sie die frohe Botschaft.
Am Zollhaus sieht er im Vorübergehen Levi sitzen und spricht ihn an: Folge mir nach!
Ohne lange zu überlegen, steht Levi auf und folgt Jesus auf seinem Weg.
Oft isst Jesus gemeinsam mit Zöllnern und Gottlosen, die ihm in großer Zahl folgen.
So sitzen sie auch einmal im Hause von Levi bei einem Essen zusammen.
Als die Schriftgelehrten das hören, fragen sie nicht Jesus, sondern seine Jünger:
Wie kann er bloß zusammen mit diesen verräterischen Zöllnern essen,
die mit den Römern zusammenarbeiten? Jesus aber hört das und antwortet selbst:
Nicht die Gesunden brauchen den Arzt, sondern die Kranken. Ich bin gekommen,
um die zur Umkehr aufzurufen, die ohne Gott leben, nicht die Gerechten.
MK 2,13–17

10. JESUS FRAGT:
WIE VIELE BROTE HABT IHR? // MK 6,38

VOM WUNDER
GEMEINSAMEN TEILENS

Wenn es bei Jesus um Macht geht, ist alles anders als sonst zwischen den Menschen. Er lehnt jede Gewalt ab und ist deshalb mächtig, weil er sich nicht wehrt und friedlich bleibt. Jesus lehnt die Macht durch Besitz und Geld ab, bevorzugt dagegen die Macht des Teilens. Darum geht es in der nächsten, durch und durch wunderbaren und geheimnisvollen Erzählung. Dazu ist gut zu wissen, dass Jesus tatsächlich immer wieder mit den Menschen isst und trinkt. Das bringt ihm sogar den harten Vorwurf ein, er sei nicht nur ein Freund der Zöllner und Sünder, sondern auch ein Fresser und Säufer (Mt 11,19). Doch Jesus hat damit anderes im Sinn: Sich zum Mahl zu treffen, macht die Gemeinschaft Gottes mit den Menschen sichtbar. Miteinander zu essen, zeigt die Freude und Fülle des Lebens, die Gott uns Tag für Tag schenkt. Zum Essen eingeladen sind immer alle Menschen, besonders aber die an den Rand gedrängten.

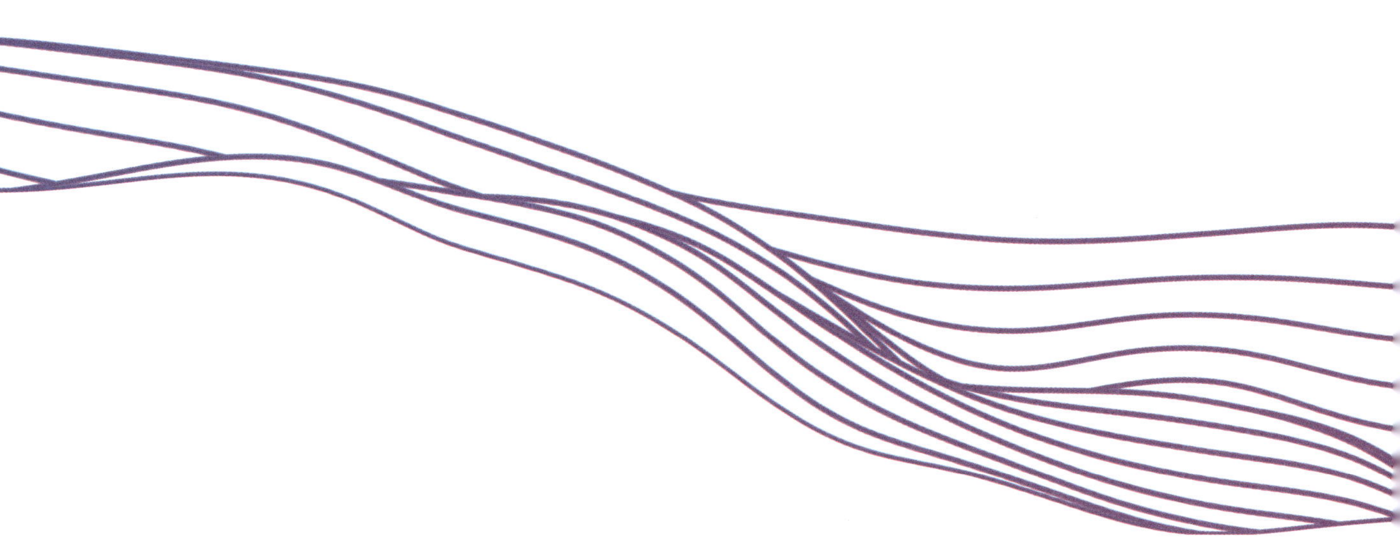

Als die Apostel sich bei Jesus versammeln und berichten, was sie getan und gelehrt haben,
meint er: Kommt mit an einen einsamen Ort. Dort sind wir allein, und ihr könnt ausruhen.
Aber sie finden nicht einmal Zeit zum Essen, so zahlreich sind die Leute um sie herum.
So fahren sie mit dem Boot in eine einsame Gegend, um allein wieder zu sich zu kommen.
Doch die Menschen sehen sie wegfahren und viele laufen zu Fuß aus allen Städten dorthin.
So kommen sie noch vor ihnen an. Als Jesus aussteigt, sieht er all die vielen Menschen.
Er hat Mitleid mit ihnen, denn sie kommen ihm vor wie Schafe, die keinen Hirten haben.
Jesus lehrt sie lange über das Reich Gottes. Abends kommen die Jünger zu ihm und sagen:
Der Ort ist abgelegen, und es ist schon spät geworden. Schick die Menschen doch weg,
damit sie in die umliegenden Dörfer gehen und sich etwas zu essen kaufen können!
Jesus aber fordert sie auf: Gebt ihr ihnen zu essen! Sie fragen ihn: Wie meinst du das?
Sollen wir weggehen, für zweihundert Denare Brot kaufen und es ihnen zu essen geben?
Er aber fragt: Wie viele Brote habt ihr? *Geht und seht nach! Sie sehen nach und berichten:*
Zusammen sind es nicht mehr als fünf Brote und außerdem noch zwei Fische.
Da fordert Jesus alle auf, dass sie in Mahlgemeinschaften im grünen Gras lagern.
So setzen sie sich in Gruppen mit je hundert und fünfzig Menschen auf die Erde.
Nun nimmt Jesus die fünf Brote und die zwei Fische, blickt zum Himmel hinauf,
spricht den Lobpreis, bricht die Brote und gibt sie den Jüngern, damit sie sie austeilen.
Auch die zwei Fische lässt er unter allen verteilen. Und alle essen und werden satt.
Dann heben sie die Brocken auf und Reste von den Fischen. Mit allem füllen sie zwölf Körbe.
Fünftausend sind es, die von den Broten gegessen haben. So wird es erzählt bis heute.

MK 6,30–44

Was für ein Wunder ist hier geschehen? Wie und wodurch werden die Menschen satt?
Zunächst durch Jesu Worte. Er hat Mitleid mit ihnen, die ohne Orientierung umherirren.
In einem Gebet der Heiligen Schrift ist ihnen versprochen: Gott ist als guter Hirte immer da,
führt sie durch finstere Täler und Schluchten und lässt sie auf grünen Wiesen lagern.
Jesus erfüllt also das Versprechen, indem er gute Worte sagt und für ihre Seelen sorgt.
Doch auch ihr Leib braucht Fürsorge, ihr Körper braucht Nahrung, um leben zu können.
Die Jünger wollen die Menschen wegschicken, damit sie sich etwas zu essen kaufen.
Dann wollen sie selbst etwas kaufen, doch Jesus geht es ums Teilen von allem, was da ist.
Denn es gibt ein Aufteilen, bei dem alles nur weniger wird und nur die Reichen gewinnen.
Dieses Aufteilen entspringt den Regeln des Besitzes und führt zur Herrschaft des Geldes.

Anders ist gemeinsames Teilen. Wer miteinander teilt, verliert nichts, sondern gewinnt dazu.
Wer sein Licht mit anderen teilt, behält es und erfährt sogar mehr Helligkeit im Leben.
Wer seine Fragen und Zweifel mit anderen teilt, ist nicht mehr allein und findet Hoffnung.
Wer das Wissen mit anderen teilt, verliert es nicht, sondern wird mit den anderen klüger.
Wer Freundlichkeit und Liebe weitergibt, wird mehr Freunde haben und geliebt werden.
Das zeigt die Kraft der Liebe, die großzügig ist, sich klein macht und dadurch groß wird.
Wenn Menschen beginnen, miteinander zu teilen, kann das die anderen anstecken.
Wenn dann alle alles, was sie zu essen dabeihaben, zusammenlegen, wird aus wenig viel.
Wann immer so etwas geschieht, ist das wahrhaftig ein machtvolles Wunder!

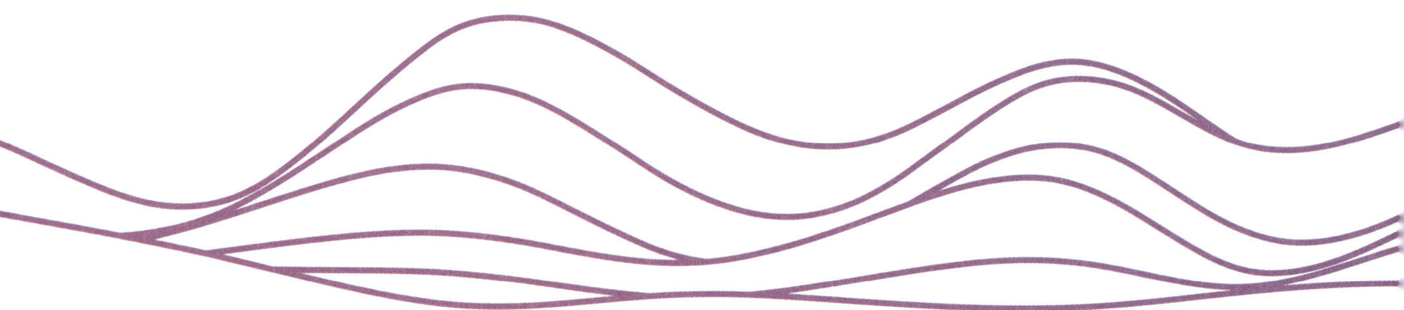

11. JESUS FRAGT:
WOMIT SOLLEN WIR DAS REICH GOTTES VERGLEICHEN? // MK 4,30

GLEICHNISSE VOM WACHSEN UND VON GOTTES GERECHTIGKEIT UND BARMHERZIGKEIT

Immer wieder geht es Jesus um das Reich Gottes, das er auch das Himmelreich nennt.
In Jesu *Reden* hören die Menschen seine Botschaft, dass es schon da und ihnen nah ist.
In den *Wundern* spüren die Menschen, dass es mit und durch Jesus schon begonnen hat.
In den *Gleichnissen* führt Jesus vor Augen, dass es ganz anders als alles Erwartete ist.
Bei Matthäus heißt es: Er spricht nicht ohne Gleichnisse zu den Menschen (Mt 13,34).
So erfüllt er eine Ankündigung der Propheten: Ich öffne meinen Mund in Gleichnissen.
Damit spreche ich aus, was seit der Schöpfung des Universums noch verborgen ist.
Immer sind Jesu Worte und Geschichten bildhaft mehr wert und wollen gedeutet werden.
Zugleich einfache und anschauliche Gleichnisse sind die Bilder vom Wachsen des Kleinen.

*Jesus sagt: Mit dem Reich Gottes ist es so, wie wenn ein Mann Samen auf seinen Acker sät.
Dann schläft er und steht wieder auf, es wird Nacht und wird Tag, der Samen keimt und wächst.
Der Mann aber weiß nicht, wie es geschieht. Die Erde bringt von selbst ihre reiche Frucht,
zuerst wächst der Halm, dann die Ähre und schließlich das volle Korn in der Ähre.
Sobald die Frucht reif ist, legt der Mann die Sichel an, denn nun ist die Zeit der Ernte da.*

*Jesus fragt weiter und findet noch ein Bild: Womit sollen wir das Reich Gottes vergleichen?
Mit welchem Gleichnis sollen wir es beschreiben? Es gleicht einem winzigen Senfkorn.
Es ist das kleinste von allen Samenkörnern, die man in die Erde sät. Ist es aber gesät,
dann geht es auf und wird größer als alle anderen Gewächse und treibt große Zweige,
sodass in seinem Schatten die Vögel des Himmels nisten können und neues Leben entsteht.*
MK 4,26–32

Das Reich-Gottes-Wunder von der Brotvermehrung fordert alle auf, selbst etwas zu tun.
Das Reich-Gottes-Bild vom Senfkorn zeigt, wie wunderbar aus Kleinem sehr Großes wird.
Wenn beides zusammenkommt, kann der Hunger von Leib und Seele vergehen.
Dann wird das Reich Gottes erfahrbar: Es zeigt sich als Gerechtigkeit, Frieden und Liebe.

Gleichnisse sind also starke Bilder, aber auch überraschende Geschichten, die zu denken geben,
die nur mit Herz und Verstand zu begreifen sind und ein Leben lang wirksam sein können.
Geschichten Jesu wie die folgende halten den Menschen damals und heute einen Spiegel vor.

*Als wieder einmal Zöllner und Sünder zu Jesus kommen, um bei ihm zu sein und ihn zu hören,
empören sich die religiösen Wortführer darüber: Er empfängt die Gottlosen und isst mit ihnen.
Jesus aber fragt zurück: Wenn du hundert Schafe besitzt und eins davon verloren geht,
lässt du dann nicht die neunundneunzig in der Wüste zurück und suchst das verlorene,
bis du es findest? Und wenn du es gefunden hast, legst du es voll Freude auf die Schultern,
rufst zu Hause alle Freunde und Nachbarn zusammen und sagst: Freut euch mit mir!
Ich habe mein verlorenes Schaf wiedergefunden. Es ist wieder da! Ich sage euch:
Genauso freut sich Gott über einen einzigen Gottlosen, der wieder umkehrt,
ja mehr sogar als über neunundneunzig Gerechte, die keine Umkehr nötig haben.*
LK 15,1–10

Auch im folgenden Gleichnis geht es ums Verlorengehen und Sich-Wiederfinden, erst aus Sicht des Verlorenen, dann aus Sicht des Vaters und dann aus Sicht des Bruders. Jeder erlebt es anders. So ist es immer wieder im Leben, das voller Spannungen ist. Wer nur auf sich schaut, bleibt allein. Erst wenn wir unsere Sichtweisen teilen, uns in die anderen hineinversetzen, kommen wir ins Gespräch und wieder zusammen.

Jesus erzählt: Ein Mann hat zwei Söhne. Eines Tages sagt der jüngere Sohn zum Vater: Gib mir schon jetzt, bevor du stirbst, was ich nach deinem Tod von dir bekommen werde. Da verteilt der Vater das Vermögen so an seine beiden Söhne, dass jeder dasselbe bekommt.

Der jüngere Sohn *packt schon kurz danach seine Sachen und zieht in ein fernes Land. Dort führt er ein verschwenderisches Leben und vergeudet in kurzer Zeit das ganze Geld. Als alles ausgegeben ist, bricht eine große Hungersnot im Land aus, und es ergeht ihm elend. Er bittet um Hilfe bei einem Bürger des Landes, der ihn aufs Feld zum Schweinehüten schickt. Gern würde er seinen Hunger mit dem Schweinefutter stillen, doch niemand gibt ihm davon. Da geht er in sich und sagt: Wie viele Arbeiter meines Vaters haben genug zu essen, ich aber verhungere hier. So will ich aufbrechen und zu meinem Vater gehen und ihm sagen: Vater, vor Gott und vor dir habe ich gesündigt. Ich bin es nicht wert, dein Sohn zu heißen. Mach mich zu einem deiner Arbeiter. Dann bricht er auf und geht zu seinem Vater.*

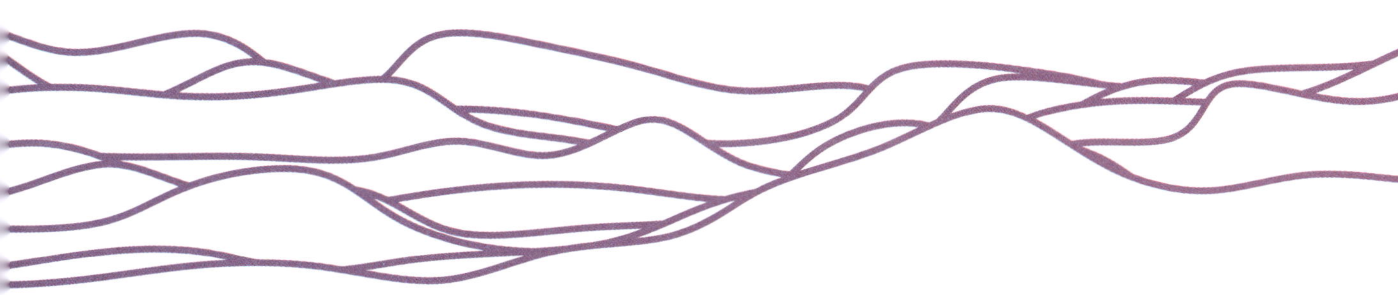

Der Vater *sieht ihn schon von Weitem kommen, und sein Sohn tut ihm von Herzen leid. Er läuft dem Sohn entgegen, fällt ihm um den Hals, umarmt und küsst ihn herzlich. Da sagt der Sohn: Vater, vor Gott und vor dir habe ich gesündigt. Ich bin es nicht wert, dein Sohn zu heißen. Der Vater aber unterbricht ihn und fordert seine Bediensteten auf: Holt schnell das feierlichste Gewand, zieht es ihm an, steckt ihm einen Ring an den Finger, zieht ihm Schuhe an, holt und schlachtet das Mastkalb. Wir wollen essen und fröhlich sein. Denn mein Sohn war tot und ist wieder lebendig, er war verloren und ist wiedergefunden. Und sie beginnen alle ausgelassen und voll Freude ein Fest zu feiern.*

Der ältere Sohn *ist noch auf dem Feld. Als er nach Hause kommt und Musik und Tanz hört, ruft er einen Bediensteten zu sich und fragt, was denn da los sei. Der Diener antwortet: Dein Bruder ist wieder da, und dein Vater hat das Mastkalb geschlachtet und feiert mit uns, weil sein Sohn wieder gesund zurück ist. Da wird der ältere Sohn zornig und weigert sich, ins Haus zu gehen. Sein Vater aber kommt heraus und redet ihm gut zu. Er aber erwidert: So viele Jahre schon schufte ich für dich, nie habe ich gegen deinen Willen gehandelt, mir hast du nie einen Ziegenbock geschenkt, damit ich mit Freunden ein Fest feiern kann. Aber kaum taucht dieser da, dein Sohn, wieder auf, der dein ganzes Geld vergeudet hat, da schlachtest du für ihn das Mastkalb. Der Vater antwortet: Mein Kind, du bist immer bei mir. Alles, was mein ist, ist dein. Aber jetzt müssen wir uns doch freuen und ein Fest feiern, denn dein Bruder war tot und ist wieder lebendig, er war verloren und ist wiedergefunden.*

LK 15,11–32

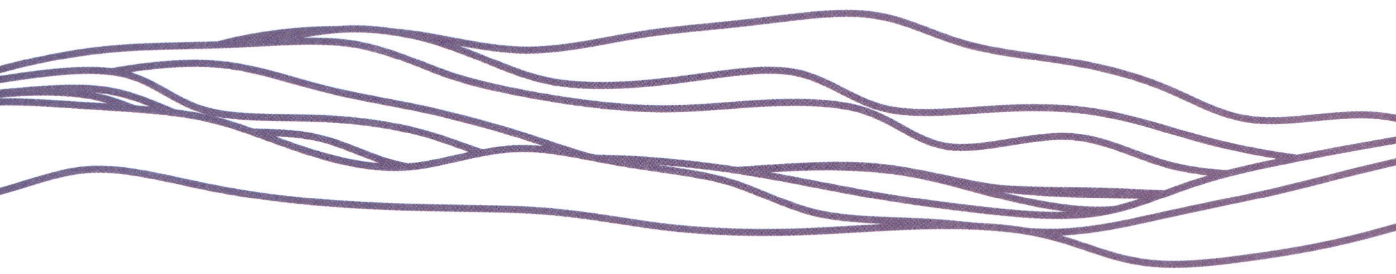

So endet die Geschichte offen, und wir hören die Fragen, die Jesus uns ohne Worte stellt: Wird der ältere Sohn seinen verständlichen Ärger vergessen und von Herzen mitfeiern? Werden die Freude und die Liebe über seinen Ärger und über seinen Neid gewinnen? Jesu Botschaft ist: Zu diesem Vater kann jeder zu jeder Zeit zurückkehren, was auch passiert ist. Die Liebe ist stärker als die gerechte Ordnung. Überhaupt ist Gottes Gerechtigkeit ganz anders. Das zeigt auch ein weiteres Gleichnis, das alles für uns Selbstverständliche auf den Kopf stellt.

Mit Gottes Reich ist es wie mit einem Weingutsbesitzer, der am Morgen Arbeiter anstellt.
Er einigt sich mit jedem von ihnen auf den üblichen Tageslohn von einem Denar.
Dann schickt er sie in seinen Weinberg. Um neun Uhr geht er wieder zum Markt,
schickt die Menschen, die ohne Arbeit sind, in den Weinberg und sagt ihnen:
Ich werde euch geben, was gerecht ist. Genauso macht er es mittags um zwölf
und nachmittags um drei Uhr. Sogar um fünf Uhr schickt er Menschen in den Weinberg.
Am Abend sagt der Weingutsbesitzer zu seinem Verwalter: Ruf die Arbeiter
und zahle ihnen den Lohn aus, angefangen bei den letzten bis hin zu den ersten.
Nun bekommen die Männer, die um fünf Uhr angefangen haben, einen Denar,
sodass sie die Familie am nächsten Tag ernähren können. Als die ersten drankommen,
denken sie, sie werden mehr bekommen. Doch auch sie bekommen nur einen Denar.
Da beschweren sie sich beim Besitzer: Die letzten haben nur eine Stunde gearbeitet,
doch du hast ihnen den gleichen Lohn ausgezahlt. Wir mussten den ganzen Tag arbeiten.
Der Besitzer erwidert einem von ihnen: Mein Freund, dir geschieht kein Unrecht.
Wir hatten doch einen Denar vereinbart. Nimm dein Geld und geh zufrieden nach Hause!
Ich will dem Letzten das Gleiche geben wie dir.
Darf ich mit dem, was mir gehört, nicht tun, was ich möchte?
Oder bist du etwa böse, weil ich gütig bin?
MT 20,1–15

So ist Gottes Gerechtigkeit: Alle bekommen, was sie brauchen. Keiner wird benachteiligt. Jeder Mensch ist gleich vor Gott. Es geht nicht um Leistung, sondern um Bereitschaft. Wer nicht viel erwartet, wird unverdient beschenkt und darf einfach glücklich sein. Wer mehr als andere erwartet, wird schnell enttäuscht und kann daraus nur lernen: Du sollst dich nicht messen! Denn wer sich mit anderen vergleicht, hat schon verloren.

So wie Gott nicht nach Leistung und Verdienst zu schauen, sondern barmherzig zu sein, ist der beste Weg im Leben, also der beste Weg, den Himmel auf Erden zu erfahren. Gott und das Himmelreich zeigen sich uns in der Begegnung mit anderen Menschen. Jesus sagt, das Reich Gottes ist immer dann da, wenn ihr anderen Menschen Gutes tut:

Ich war hungrig, und ihr habt mir zu essen gegeben,
ich war durstig, und ihr habt mir zu trinken gegeben,
ich war fremd, und ihr habt mich aufgenommen;
ich war nackt, und ihr habt mir Kleidung gegeben,
ich war krank, und ihr habt mich besucht,
ich war im Gefängnis, und ihr seid zu mir gekommen.
Denn alles, was ihr für einen meiner geringsten Mitmenschen getan habt,
das habt ihr mir getan.
MT 25,35–40

Überall, wo Hunger, Fremdheit, Armut, Krankheit und Unfreiheit beseitigt werden, dort wird mitten im Leben Auferstehung zu einem neuen Leben möglich und erfahrbar. Wenn wir Menschen helfen, dann helfen wir Gott, der selbst Mensch geworden ist.

Das zeigt auch ein weiteres Gleichnis, das nochmals der Frage nachgeht, zu wem Jesus kommt:
Ein Gast bei einem Essen spricht zu Jesus: Selig, wer im Reich Gottes am Mahl teilnehmen darf.
Da erzählt Jesus: Ein Mann veranstaltet ein großes Festmahl und lädt viele dazu ein.
Zur Stunde des Festmahls schickt er den Diener aus und lässt allen sagen, die er eingeladen hat:
Kommt, alles ist bereit! Aber alle fangen an sich zu entschuldigen. Der erste lässt ihm sagen:
Ich habe einen Acker gekauft und muss ihn dringend besichtigen. Entschuldige mich bitte!
Ein anderer meint: Ich habe fünf Ochsengespanne gekauft und muss sie überprüfen.
Bitte, entschuldige mich! Ein anderer sagt: Ich habe geheiratet und kann nicht kommen.
Der Diener kehrt zurück und berichtet alles seinem Herrn. Da wird der Hausherr wütend.
Er fordert seinen Diener auf: Geh schnell hinaus auf die Straßen und Gassen der Stadt.
Hol die Armen und die Krüppel, die Blinden und die Lahmen zu uns! Und der Diener meldet:
Herr, dein Auftrag ist ausgeführt; doch es ist immer noch Platz. Da sagt der Herr zum Diener:
Wer immer dir über den Weg läuft, dränge sie hereinzukommen, damit mein Haus voll wird.
Ich sage euch: Keiner von denen, die eingeladen waren, wird an meinem Mahl teilnehmen.
LK 14,15–24

Eingeladen, von Jesus gemeint und gewollt, sind alle Menschen. Aber gezwungen ist niemand. Wer die Einladung ausschlägt und ständig Wichtigeres zu tun hat, wer nur nach Besitz schaut, nur sich selbst in die Mitte stellt, kann seine Chancen im Leben und darüber hinaus verspielen. Dann werden alle Erwartungen umgekehrt. Es passiert, was Jesus eindringlich so beschreibt:
Wer sich selbst erhöht, wird erniedrigt. Wer sich selbst erniedrigt, wird erhöht. (Lk 14,11)

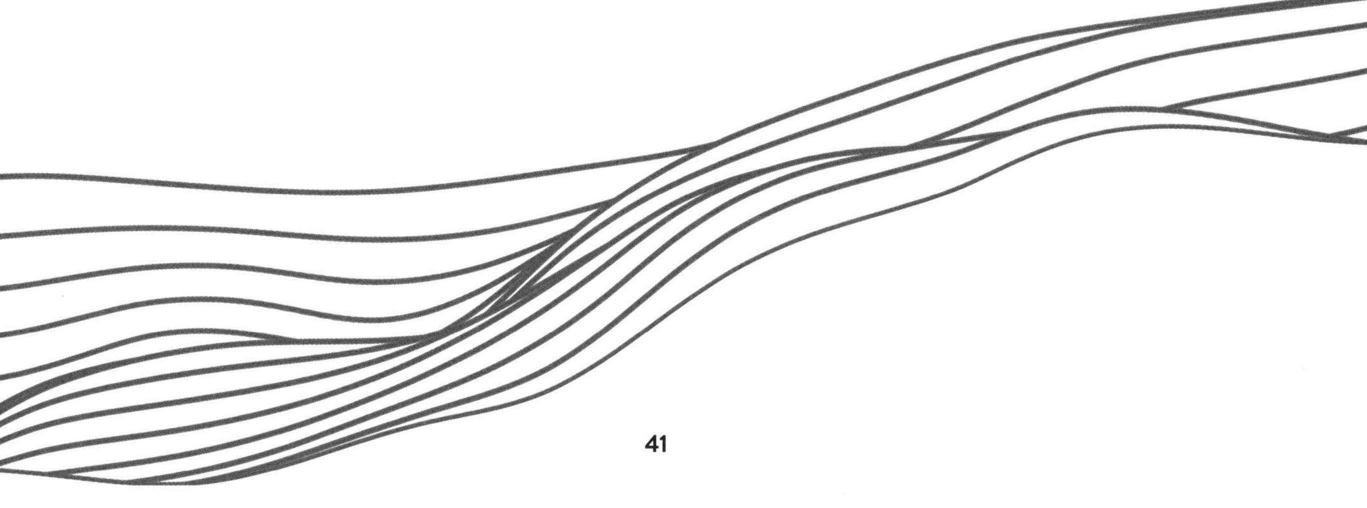

12. JESUS FRAGT:
FÜR WEN HALTET IHR MICH? // MK 8,29

DIE FRAGE,
DIE IMMER GESTELLT WERDEN WIRD

Eine Frage, die in diesem Buch immer wieder eine Rolle spielt, hat Jesus selbst gestellt. Er spricht sie seinen Jüngern gegenüber aus. Sie ist aber eine Frage für uns alle bis heute. Immer, wenn sich Menschen etwas über Jesus erzählen, schwingt diese Frage mit.

Jesus geht mit seinen Jüngern in die Dörfer bei Cäsarea Philippi. Auf dem Weg fragt er sie. Für wen halten mich die Menschen? Sie sagen zu ihm: Einige für Johannes den Täufer, andere für den Propheten Elija, wieder andere für einen anderen Propheten. Da fragt er sie: Ihr aber, für wen haltet ihr mich? Simon Petrus antwortet ihm: Du bist der Christus! Jesus aber fordert von ihnen in deutlichen Worten, niemandem etwas darüber zu sagen.

Dann beginnt er, ihnen zu erklären: Der Menschensohn hat vieles zu erleiden,
er wird von den Ältesten, den Hohepriestern und den Schriftgelehrten verworfen,
er wird getötet und nach drei Tagen auferstehen. Ganz offen redet Jesus darüber.
Da nimmt ihn Petrus beiseite und beginnt, ihn zurechtzuweisen. Da wendet Jesus sich um,
sieht seine Jünger an und antwortet Petrus mit scharfen Worten: Sei still!
Du hast nicht das im Sinn, was Gott will, sondern nur, was die Menschen wollen.
MK 8,27–33

Jesus stellt die ewige Frage nach sich zweifach, bezogen auf alle und auf seine Vertrauten.
Nicht nur der Evangelist Markus, sondern auch Matthäus und Lukas erzählen davon.
Für Christen ist schon der Name »Jesus« Zusage und Aufgabe: Jahwe befreit – Gott rettet.
Nun nennt Petrus einen zweiten Namen. Was »Christus« heißt, werden wir später erfahren.
Dann kündigt Jesus an, was mit ihm passieren wird. Insgesamt dreimal vertraut er es ihnen an.
Doch ausgerechnet seine besten Freunde verstehen nichts, und Petrus will es auch nicht hören.
Sie alle hatten wohl andere Erwartungen und größere Hoffnungen als so ein tödliches Ende.

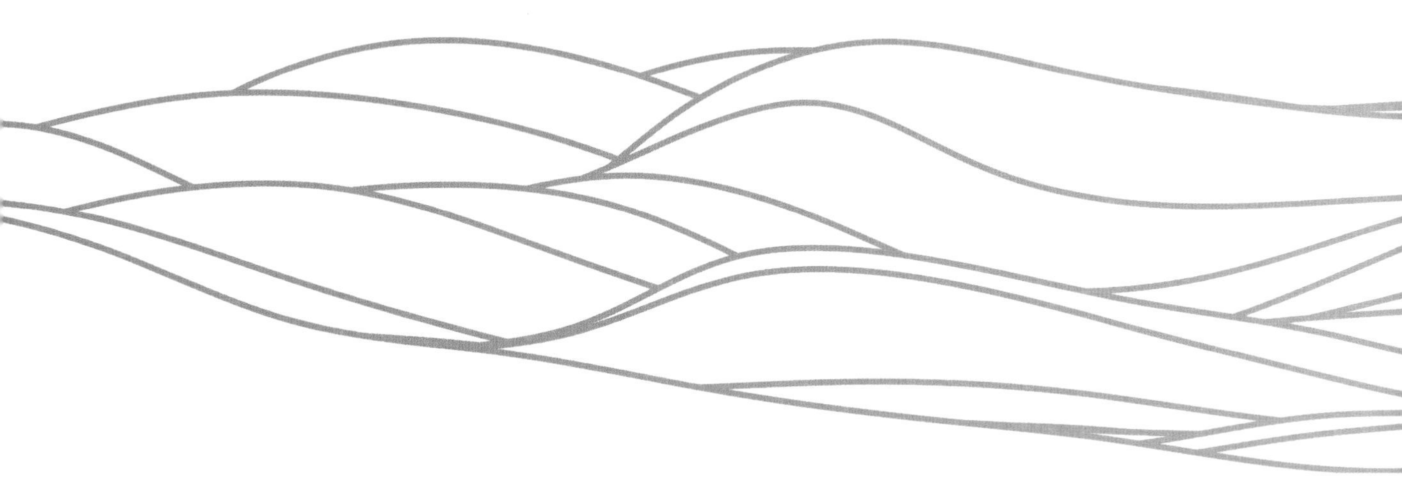

13. JESUS IST GEFRAGT: WER IST DER GRÖSSTE VON UNS? // MK 9,34

ÜBER DIE ANDERE MACHT DER OHNMACHT UND DER KINDER

Der Mensch will groß und mächtig sein, stark und reich, schön und wichtig, immer der Erste. Auch Jesus begegnet immer wieder der Frage der Menschen nach Macht und Stärke. Vor seinem öffentlichen Wirken ist er 40 Tage in der Wüste und besteht alle Versuchungen, wie ein unmenschlicher und unsinnig Mächtiger zu handeln, um Größe zu zeigen (Mt 4,1–11). Aber Jesus spricht mit großer Wirkung. So werden seine Reden als Worte voll Macht erlebt. Was er direkt über die Größe und Macht sagt, davon erzählt die folgende Geschichte.

Jesus und die Jünger kommen in das Dorf Kafarnaum. Im Haus fragt Jesus sie:
Worüber habt ihr unterwegs gesprochen? Da verstummen sie, weil ihre Frage war:
Wer ist der Größte von uns? Denn darüber hatten sie sich heftig gestritten.
Da setzt Jesus sich nieder, macht sich klein, ruft die Zwölf zu sich und sagt:
Wer der Erste sein will, der soll der Letzte von allen sein und allen anderen dienen.
Dann stellt er ein Kind in ihre Mitte, umarmt es herzlich und spricht:
Wer ein Kind um meinetwillen bei sich aufnimmt, der nimmt mich auf.
Und wer mich aufnimmt, nimmt auch den auf, der mich auf die Erde geschickt hat.
MK 9,33–37

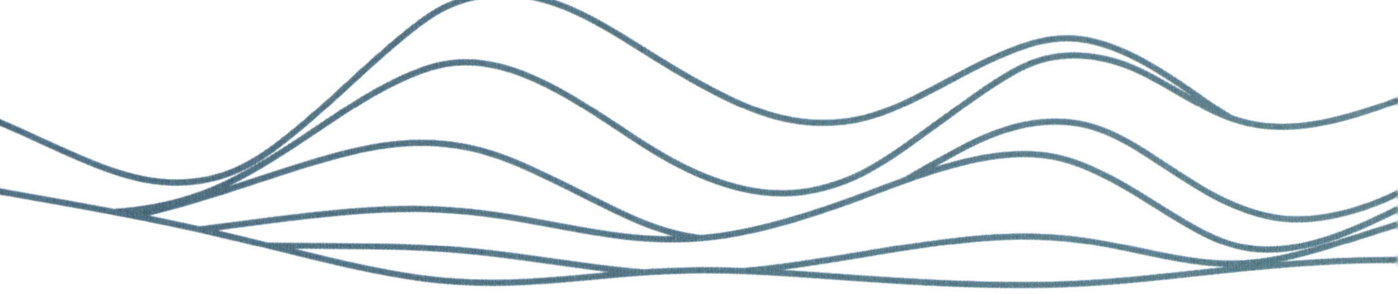

Wieder überrascht die Antwort Jesu: Der Größte ist, wer die Kleinsten aufnimmt! Immer ist es genau anders, als wir es erwarten. Wieder dreht Jesus die Sichtweise um. Einem reichen Mann rät er: Wenn du vollkommen sein willst, verkauf deinen Besitz und gib ihn den Armen! Da geht der Mann traurig davon, denn das schafft er nicht. Da fügt Jesus hinzu: Viele Erste werden Letzte sein und die Letzten Erste. (Mk 10,31) Weiter sagt Jesus allen, die ihm nachfolgen: Wer bei euch groß sein will, soll euer Diener sein, wer bei euch der Erste sein will, soll der Sklave aller sein. (Mk 10,43)

Besonders nah sind Jesus die Kinder. Sie sind noch offen und aufmerksam für alles. Ihre Neugierde, ihr Staunen und ihre Fragen lassen sie intensiv leben und Gott erahnen. Weil Kinder selbst klein sind, ahnen sie Gottes Größe im Kleinen und Verwundbaren, können sie die freiwillige Ohnmacht des großen Gottes in Jesus spüren und verstehen. Von Jesus und den Kindern erzählt Markus wie auch Matthäus und Lukas noch mehr.

Einmal wollen Menschen Kinder zu Jesus bringen, damit er ihnen die Hände auflegt. Die Jünger aber weisen sie streng ab. Als Jesus das sieht, ist er verärgert und sagt zu ihnen: Lasst die Kinder zu mir kommen! Hindert sie nicht! Menschen wie ihnen gehört Gottes Reich. Wer es nicht so annimmt wie ein Kind, der wird es nicht erfahren können. Und er nimmt die Kinder in seine Arme, legt ihnen die Hände auf und segnet sie.
MK 10,13–16

Ein Leben lang geht es darum, zu wachsen, sich zu entwickeln, immer mehr zu erlernen und dennoch dabei das Kind in sich zu bewahren, mehr zu sehen, zu hören und zu staunen. Tag für Tag ist alles neu, unverbraucht und frisch. Gar nichts ist selbstverständlich. Mensch zu sein bedeutet, äußerlich groß zu werden und im Inneren Kind zu bleiben!

14. JESUS IST GEFRAGT:
WAS SAGEN WIR GOTT, WENN UNS DIE WORTE FEHLEN?

ÜBER DAS VATERUNSER ALS GEBET ZU ALLEN ZEITEN IN JEDER LAGE

Wer Fragen hat, wer Angst hat oder glücklich ist, will das einem Gegenüber anvertrauen.
Solche Fragen, Gefühle und Gedanken sind auch der Beginn des Sprechens zu und mit Gott.
Doch es ist nicht immer leicht, sich an den verborgenen und unsichtbaren Gott zu wenden.
Dabei können wir Gott alles sagen, was uns wichtig ist, was uns traurig und glücklich macht.
Es gibt dabei keine falschen Worte, denn Gott kennt unsere Gefühle und Gedanken bereits.
Es reicht schon, wenn wir zu Gott sagen: Ich bin da! Denn Gott ist auch immer schon da.
Doch fragen wir uns manchmal: *Was sagen wir Gott, wenn uns die Worte fehlen?*
Denn wenn wir sprachlos sind vor Freude oder Trauer, bedrängen uns schwere Fragen.
Diese Frage haben die Freunde Jesus auch gestellt und haben eine Antwort bekommen.
Jesus sagt seinen Anhängern bei seiner Rede auf dem Berg, auch Bergpredigt genannt:

Wenn ihr betet, seid dabei ehrlich und tut nicht nur so, als ob ihr betet.
Geh in dein Zimmer, mache die Tür zu, sei ganz für dich und ganz bei dir.
Dann bete zu Gott, der im Verborgenen ist, das Verborgene sieht und dich hört.
Wenn ihr betet, braucht ihr dabei nicht viele Worte machen.
Gott weiß, was ihr braucht, noch bevor ihr es aussprecht. Und so sollt ihr beten:

Vater unser im Himmel,
geheiligt werde dein Name,
dein Reich komme,
dein Wille geschehe,
wie im Himmel, so auf Erden.
Unser tägliches Brot gib uns heute,
und vergib uns unsere Schuld,
wie auch wir vergeben unseren Schuldigern.
Und führe uns nicht in Versuchung,
sondern erlöse uns von dem Bösen.
MT 6,5–13

Dieses kleine Gebet umspannt die große Welt und ist eine Brücke von der Erde zum Himmel. Wir rufen Gott an und heiligen seinen Namen. Wir wünschen, dass sein Reich kommt, dass Not und Angst auf der Erde ein Ende haben und die Sehnsucht nach Frieden erfüllt wird. Wir vertrauen uns Gottes Willen an, auch wenn das oft schwer fällt und das Leben schmerzt. Wir bitten um das Brot, das wir heute brauchen, an jedem Tag, für den Körper und die Seele. Und wir erbitten Vergebung, so wie wir auch denen verzeihen, die uns Böses wollen. Denn Menschen machen Fehler und können scheitern. Doch sie dürfen immer neu anfangen. Das ist die Macht der Vergebung, die uns Gelassenheit schenkt und die Angst nimmt. Gott gibt uns diese Macht, zu vergeben. Und so wird auch Gott uns immer vergeben. Gott ist bei uns, wenn wir das Leben erproben und versuchen, wenn es gelingt oder scheitert. Das ist ein Trost in schweren Zeiten, der uns rettet trotz allem, was Schlimmes passieren kann.

15. JESUS IST GEFRAGT: WELCHES GEBOT IST DAS ERSTE VON ALLEN? // MK 12,28

ÜBER DAS WICHTIGSTE IM LEBEN

Jesus diskutiert mit den Pharisäern und Schriftgelehrten immer wieder darüber, was wichtig und was richtig ist im Leben. Wie wollen und wie sollen wir leben? Fragen nach dem guten Leben beschäftigen Menschen damals wie heute Tag für Tag. Die Zehn Gebote aus der Heiligen Schrift der Juden geben allen eine Richtung vor. Am Anfang steht der eine Gott, der aus Bedrohung und Gefangenschaft befreit. Freiheit und Verantwortung werden in drei Geboten über die Beziehung zu Gott und in sieben Weisungen zum Zusammenleben der Menschen zusammengeführt. In Gottes ABC können wir das ABC des Menschseins entdecken und danach leben. Jesus bestätigt das, deutet und gewichtet es in seiner Antwort auf eigene Weise neu:

Bei einem Gespräch über die Auferstehung hört ein Schriftgelehrter Jesus gut zu.
Als er merkt, wie klug und treffend Jesus den anderen antwortet, fragt er ihn:
Welches Gebot ist das erste von allen? *Jesus antwortet ihm: Das erste ist:*
Höre, Israel, unser Gott ist der einzige Gott. Darum liebe deinen Gott
aus ganzem Herzen, aus ganzer Seele, mit all deinen Gedanken und all deiner Kraft!
Als Zweites kommt hinzu: Liebe deinen Nächsten wie dich selbst!
Kein Gebot ist größer als diese beiden. Der Schriftgelehrte staunt: Sehr gut, Meister,
völlig richtig hast du gesprochen. Gott ist ein Einziger, es gibt keinen Gott außer ihm.
Ihn zu lieben und den Nächsten zu lieben wie sich selbst, bedeutet mehr als alle Opfer.
Jesus sieht, wie klug er antwortet, und sagt: Du bist dem Reich Gottes ganz nah.
MK 12,28–34

Jesus sagt eigentlich nichts Neues. Das, was alle Juden aus der Heiligen Schrift kennen, verbindet er neu und bringt die gemeinsame Botschaft von Juden und Christen auf den Punkt. Gottesliebe und Nächstenliebe sind eins: Wer Gott liebt, liebt die anderen und sich. Wer sich selbst mag, wird auch die anderen gernhaben und so die Liebe zu Gott zeigen. Wenn alle danach leben, ist das der Himmel auf Erden. Dann ist Gottes Reich der Liebe da. Das ist kein fantastischer Traum, der von allein kommt, sondern etwas zum Mitmachen. Das ist die größte Hoffnung für unser durch Krankheit und Katastrophen gefährdetes Leben, für alles Leben, auch von Tieren und Pflanzen, auf dem durch uns selbst verletzten Planeten.

16. JESUS FRAGT:
WER VON DEN DREIEN HAT SICH ALS DER NÄCHSTE GEZEIGT? // LK 10,36

DAS GLEICHNIS VOM BARMHERZIGEN FREMDEN

Nachdem Jesus die Frage nach dem wichtigsten Gebot beantwortet hat,
fragt ein anderer Gesetzeslehrer Jesus weiter: Und wer ist mein Nächster?
Da antwortet Jesus mit einer Geschichte, die einfach ein Beispiel vor Augen führt.

Ein Mann geht von Jerusalem hinab nach Jericho und wird von Räubern überfallen.
Sie rauben ihn aus, schlagen ihn nieder, gehen weg und lassen ihn halb tot liegen.
Da kommt ein Priester denselben Weg hinab, sieht den Menschen und geht weiter.
Auch ein Mann aus dem Stamme Levi kommt an die Stelle, sieht ihn und geht weiter.
Schließlich kommt ein Mann aus Samarien des Weges, sieht ihn und hat Mitleid mit ihm.
Der Samariter geht zu ihm, behandelt mit Öl und Wein seine Wunden und verbindet sie.
Dann hebt er ihn auf sein Reittier, bringt ihn in ein Gasthaus und umsorgt ihn.
Am nächsten Morgen gibt er dem Gastwirt zwei Silbermünzen mit dem Auftrag:
Sorge für ihn! Solltest du noch mehr Geld brauchen, werde ich es dir bezahlen.
Was meinst du: Wer von den dreien hat sich als der Nächste gezeigt?
Der Gesetzeslehrer antwortet: Der, der sich seiner erbarmt hat, Mitleid hatte und half.
Darauf erwidert Jesus kurz und knapp: Dann geh hin und handle genauso!
LK 10,30–37

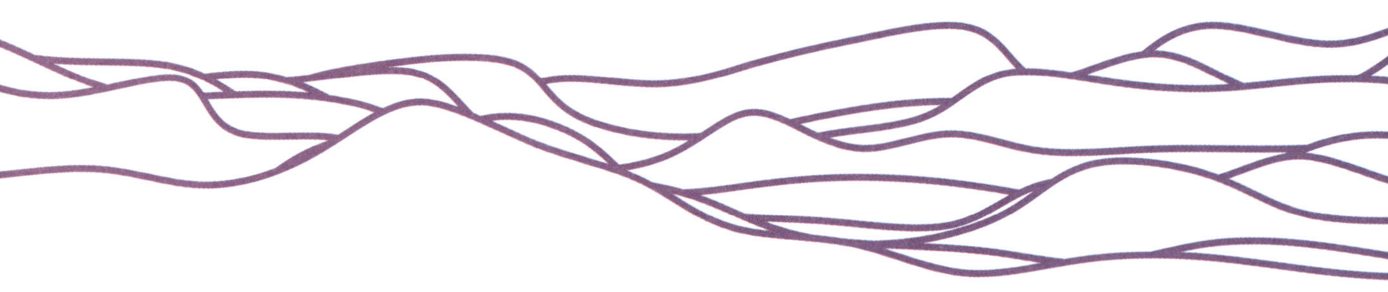

Jesus ist ein Gleichniserzähler, der seine Botschaft der Liebe in Geschichten kleidet.
Und so verwickelt er alle Menschen, die das hören, mit in diese frohe Botschaft hinein.
Vom Samariter erwartet niemand Hilfe, denn er gilt als fremd und wird verachtet.
Doch ausgerechnet er bückt sich und richtet den am Boden Liegenden wieder auf.
Jesus dreht die ihm gestellte Frage »Wer ist mein Nächster?« um und wechselt die Sicht.
Er fragt andersherum: Wem bist du selbst ein Nächster? Für wen bist du der Nächste?
Seine Antwort ist: Immer für den, dem du gerade begegnest, der dich jetzt dringend braucht!
Das sind gerade die Menschen am Rande, die Verwundeten, Armen, Gequälten und Kranken.
Auf dich kommt es an: darauf, dass du die Menschen und die Welt aufmerksam wahrnimmst,
dass du mit Herz und Verstand erkennst, wenn dich jemand braucht, und dann handelst.
Wer an die Kraft der Auferstehung schon mitten im Leben glaubt, kann das schaffen,
kann den am Boden Zerstörten helfen, wieder aufzustehen, neu und weiter zu leben.

17. JESUS FRAGT:

WENN IHR NUR DIE LIEBT, DIE EUCH LIEBEN, WELCHEN DANK ERWARTET IHR DAFÜR? // LK 6,33

ÜBER DIE FEINDESLIEBE UND DIE ZUSAGE VON GLÜCK UND SELIGKEIT

Den Nächsten so sehr zu lieben wie sich selbst, ist ja eigentlich schon schwer genug. Doch in seiner Rede auf dem Berg geht Jesus noch weiter. Bei Lukas lesen wir es so:

Euch aber, die ihr zuhört, sage ich: Liebt eure Feinde; tut denen Gutes, die euch hassen!
Segnet alle, die euch verfluchen, und betet für die, die euch beschimpfen!
Einem, der dich auf die eine Wange schlägt, dem halte auch die andere hin.
Wenn dir jemand deinen Mantel wegnimmt, dann überlasse ihm auch noch dein Hemd!
Gib jedem, der dich bittet! Wenn dir jemand etwas wegnimmt, verlange es nicht zurück!
Was ihr von anderen Menschen erwartet, dass sie euch tun sollen, das tut ihr ihnen genauso!
Wenn ihr nur die liebt, die euch lieben, welchen Dank erwartet ihr dafür?
Wenn ihr denen Gutes tut, die euch Gutes tun, denen Geld leiht, die es euch zurückgeben,
welchen Dank erwartet ihr dafür? Das tun doch genauso sogar böse Menschen.
Ihr sollt eure Feinde lieben, Gutes tun und leihen, wo ihr nichts zurückerhoffen könnt.
Dann wird euch viel geschenkt werden, und ihr werdet Kinder des Höchsten sein.
Denn auch Gott ist gütig und freundlich sogar gegenüber den Undankbaren und Bösen.

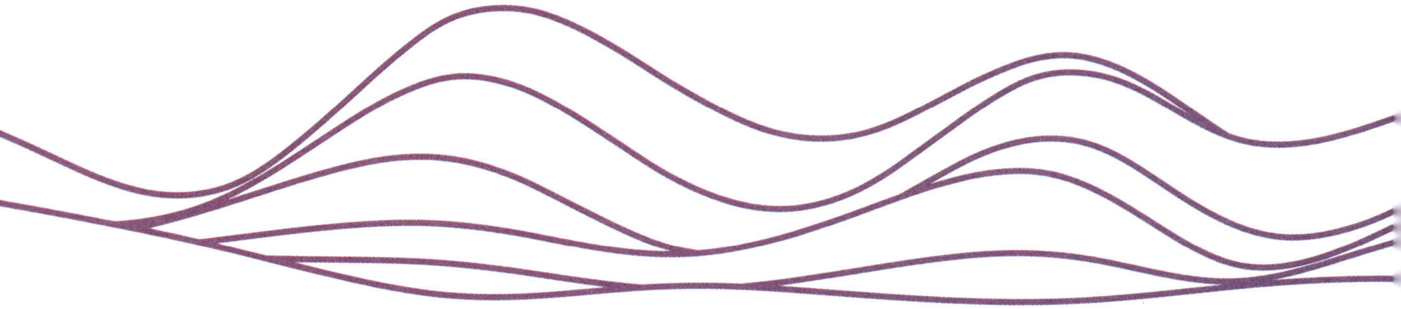

Seid barmherzig, wie auch Gott barmherzig ist wie ein gütiger Vater und eine gütige Mutter.
Richtet nicht, so werdet ihr nicht gerichtet! Verurteilt nicht, so werdet ihr nicht verurteilt!
Erlasst einander die Schuld, so wird euch die Schuld erlassen! Gebt, so wird euch gegeben!
LK 6,27–38

Wer ehrlich ist, wird zugeben müssen: Was Jesus hier verlangt, werde ich niemals schaffen. Aber er nimmt es unendlich ernst mit der Liebe für alle und fordert sogar unvorstellbar Gutes. Als Hilfe nennt er uns eine goldene Regel: Was ihr von anderen erwartet, das tut auch ihnen!

Am Anfang seiner Bergpredigt verrät Jesus uns Wege zum Glück, die wieder alle verblüffen. Bei Matthäus lesen wir diese Seligpreisungen, die den Menschen zusagen, was werden wird. Das ist keine Vertröstung auf später, sondern Trost und Lob für alles, was heute wichtig ist:

Glücklich die, die arm sind vor Gott, denn ihnen gehört das Himmelreich.
Glücklich die Trauernden, denn sie werden getröstet und ermutigt werden.
Glücklich, die keine Gewalt anwenden, denn ihnen gehört die Zukunft im Lande.
Glücklich, die hungern und dursten nach Gerechtigkeit, denn sie werden satt werden.
Glücklich die Barmherzigen, denn sie werden Erbarmen finden.
Glücklich, die im Herzen rein sind, denn sie werden Gott schauen.
Glücklich, die Frieden stiften, denn Gott wird sie seine eigenen Kinder nennen.
Glücklich, die unschuldig verfolgt werden, denn Gott schenkt ihnen sein Himmelreich.
Selig seid ihr, wenn ihr beschimpft, verfolgt und belogen werdet, weil ihr zu mir gehört.
Freut euch und jubelt, denn im Himmel wird es euch sehr gut gehen.
MT 5,3–12

18. JESUS FRAGT:
WER VON BEIDEN HAT GETAN, WAS DER VATER WOLLTE? // MT 21,31

VON DER LÜGE IN WORTEN UND DER WAHRHEIT IM TUN

Im Leben kommt es am Ende nicht auf unsere Worte an, sondern auf unsere Taten. Davon erzählt Jesus in einem weiteren Gleichnis von einem Vater und zwei Söhnen. Er ist dabei im Gespräch mit Hohepriestern, die ihm als Glaubenswächter vorwerfen, die Gebote zu vernachlässigen und die Botschaft des Glaubens zu verraten.

Was meint ihr? Da ist ein Mann mit zwei Söhnen. Er geht zum ersten und sagt: Mein Junge, heute gehst du zum Arbeiten in den Weinberg! Der Sohn antwortet: Nein, ich will nicht, ich habe keine Lust. Später aber tut es ihm leid, und er geht doch hin. Da wendet sich der Vater an den zweiten Sohn und sagt zu ihm genau dasselbe. Dieser Sohn antwortet: Ja natürlich, mein Herr! Doch dann geht er nicht hin. Nun frage ich euch: Wer von den beiden hat getan, was der Vater wollte? Die hohen Gelehrten antworten: Natürlich der erste. Da sagt Jesus zu ihnen: Es ist wahr, ich sage euch: Verlasst euch darauf, so ist es auch mit dem Reich Gottes. Alle Betrüger und Sünder gelangen eher dorthin als ihr, denn sie sehen und glauben.
MT 21,28–32

Der erste Sohn sagt erst offen seine Meinung und bereut es dann: Er ist zu jeder Zeit ehrlich. Der zweite Sohn sagt zu, lässt seinen Worten aber keine Taten folgen: Er ist nur schein-heilig. Mit dieser Geschichte ermutigt Jesus uns, aufrichtig zu sprechen und tatkräftig anzupacken. Oft sind es die, von denen es keiner erwartet, die aufmerksam schauen und einfach handeln.

19. JESUS IST GEFRAGT:

KÜMMERT DICH NICHT, DASS MEINE SCHWESTER DIE ARBEIT MIR ALLEIN ÜBERLÄSST? // LK 10,40

ÜBER DIE AUFMERKSAMKEIT IM RICHTIGEN AUGENBLICK

Entscheidend für uns Menschen sind also das Tun und Helfen, betont Jesus immer wieder. Da überrascht die nächste Geschichte von Lukas. Denn sie scheint das Gegenteil zu bedeuten.

Auf seinem Weg kommt Jesus in ein Dorf, wo ihn eine Frau namens Marta gastlich aufnimmt. Maria aber, Martas Schwester, setzt sich dem Herrn zu Füßen und hört seinen Worten zu. Marta aber ist ganz damit beschäftigt, Jesus zu dienen. Da beschwert sie sich bei ihm: Herr, kümmert dich nicht, dass meine Schwester die Arbeit mir allein überlässt? Sag ihr doch, sie soll mir helfen! Da antwortet Jesus: Marta, du machst dir viele Sorgen. Du mühst dich die ganze Zeit. Aber nur eines ist wirklich wichtig und notwendig. Maria hat den guten Teil gewählt, der wird ihr nicht genommen werden.
LK 10,38–42

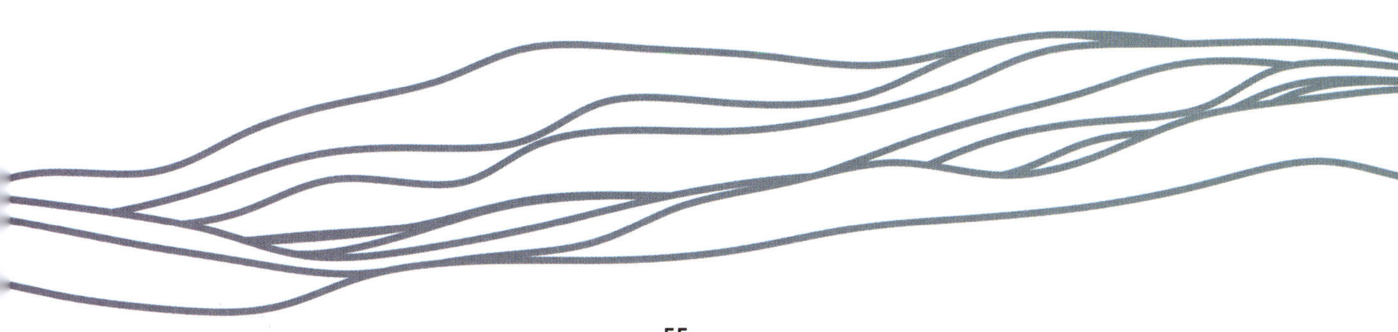

Eigentlich ist Marta doch zurecht unzufrieden. Maria tut nichts, während sie sich abmüht.
Sie meint es gut und ärgert sich über Maria, die ihr unfreundlich und faul erscheint.
Doch Jesus hatte vorher ja gar nicht darum gebeten, umsorgt und bedient zu werden.
Er will gar nicht ihr »Herr« sein. Lieber sollen die Menschen ganz bei ihm sein und zuhören.
Im Augenblick aufmerksam zu sein, ist wichtiger, als sich immer zu kümmern und zu sorgen.
Manchmal ist es notwendig, das scheinbar Notwendige zu lassen und einfach da zu sein.
Jesus will nicht Versorgung, er will achtsame und echte Begegnungen mit den Menschen.
Vielleicht wohnt in jedem Menschen eine Marta, die sich müht, und eine Maria, die zuhört.
Dann käme es darauf an, genau zu spüren und zu wissen, was gerade wichtiger ist.
Es gibt im Leben manche Zeiten, wo das Handeln unverzichtbar ist und uns beherrscht,
dann wieder Lebensabschnitte, wo es wichtig ist, in uns zu gehen und auf andere zu hören.
Die Begegnung zwischen Jesus, Maria und Marta hilft, darauf zu achten, was an der Zeit ist.

20. JESUS FRAGT:

WER KANN MIT SEINER SORGE SEIN LEBEN AUCH NUR UM KURZE ZEIT VERLÄNGERN? // LK 12,25

ÜBER DIE UNRUHE UND RUHE, ÜBER DIE SORGE UND GELASSENHEIT

Der Mensch will immer etwas schaffen, immer schneller, höher, weiter vorankommen.
Durch gewaltige Anstrengungen und Leistungen hat er den Planeten Erde erobert.
Im Laufe der Jahrhunderte wurde sein Leben immer leichter und angenehmer.
Leider gilt das aber nicht für jeden Menschen und schon gar nicht für jedes Lebewesen.
Das Streben nach einem sicheren Leben führt oft zu einer Gier nach Geld und Besitz.
Der Mensch verliert das Maß und macht nur noch sich selbst zum Maßstab für alles.
Er will immer mehr haben und bekommt Angst, dass andere ihm etwas wegnehmen.
Hören wir dazu die Worte Jesu in seiner Predigt auf dem Berg über das Sorgen:

Sorgt euch nicht um euer Leben, was ihr essen sollt, und euren Leib, was ihr anziehen sollt!
Denn das Leben ist mehr als die Nahrung und der Leib mehr als die Kleidung.
Seht auf die Raben: Sie säen nicht und ernten nicht, sie haben keine Vorratskammer
und keine Scheune. Gott jedoch ernährt sie. Wie viel mehr seid ihr wert als die Vögel.
Wer kann mit seiner Sorge sein Leben auch nur um kurze Zeit verlängern?

Seht euch die Lilien an, wie sie wachsen: Sie arbeiten nicht und spinnen nicht.
Wenn aber Gott schon die Pflanzen so kleidet, die heute auf dem Feld stehen,
wie viel mehr dann euch. Sucht nicht, was ihr essen und was ihr trinken sollt.
Sucht Gottes Reich, dann wird euch schon alles andere dazugegeben.
Fürchtet euch nicht! Denn Gott hat beschlossen, euch das Reich zu schenken.
Verkauft euren Besitz, helft den Armen, macht euch Geldbeutel, die nicht alt werden!
Verschafft euch einen Schatz im Himmel, wo kein Dieb ihn findet.
Denn wo euer Schatz ist, da ist auch euer Herz!
LK, 12,22–34

Wir Menschen haben beides in uns: die Unruhe und Sorge, die Ruhe und Gelassenheit.
Mal sind wir aktiv, tatkräftig und beschäftigt, mal ruhig, still und aufmerksam.
Was ist wichtiger und zählt mehr: Leisten und Sorgen oder Vertrauen und Gelassenheit?
Es kommt auf die Situation an, die mal die Tat und mal die Ruhe erfordert,
und noch mehr das Vertrauen, die Zuversicht und Hoffnung, dass das Leben überlebt.

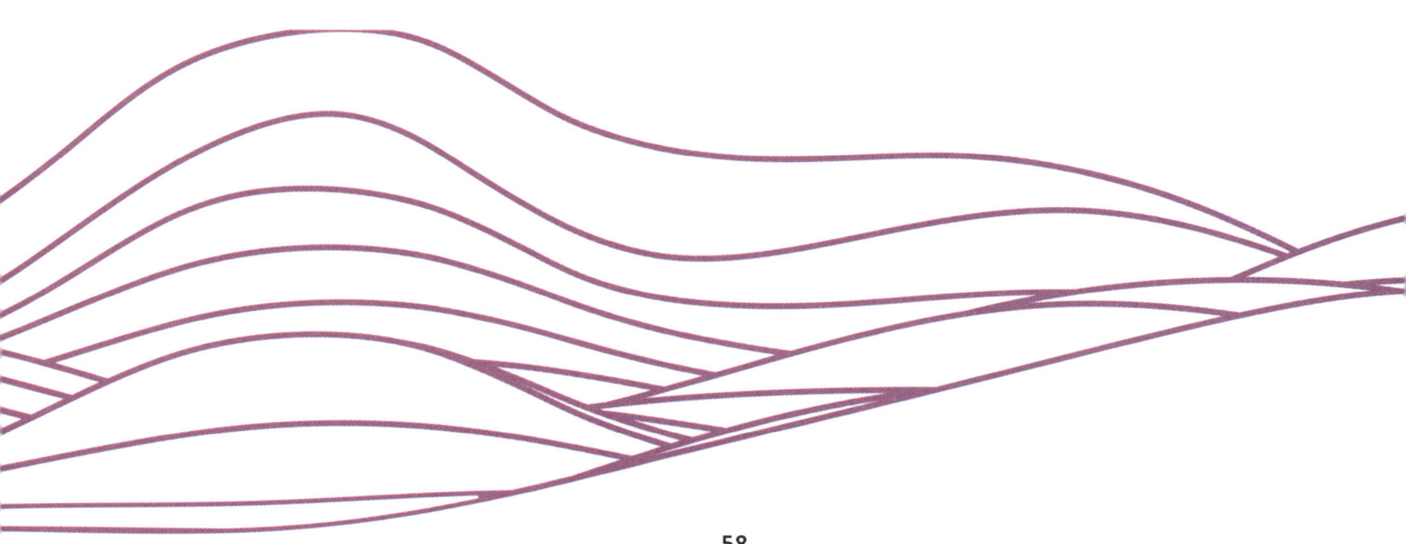

21. JESUS FRAGT:

WARUM HABT IHR SOLCHE ANGST? – WARUM HAST DU GEZWEIFELT? // MT 8,26;14,31

ZWEI WUNDERGESCHICHTEN ÜBER JESUS, DEN AUFERSTANDENEN

Die folgenden Geschichten führen Unvorstellbares vor Augen und sind schwer zu verstehen. Markus und Matthäus erzählen sie nach Jesu Tod und schauen auf ihn als Auferstandenen. Auch von Lukas und Johannes hören wir je eine von ihnen in ihren Lebensgeschichten Jesu. Alle vier erzählen bereits vor Ostern vom Wunder der Auferstehung mitten im Leben.

Jesus steigt in ein Boot, und die Jünger folgen ihm nach. Sie fahren weit raus auf dem See.
Da kommt ein gewaltiger Sturm auf, sodass das Boot von den Wellen überflutet wird.
Jesus aber schläft. Da treten die Jünger zu ihm, wecken ihn und rufen: Herr, rette uns!
Wir ertrinken und gehen zugrunde. Er aber fragt nur: Warum habt ihr solche Angst?
Ist euer Glaube denn so klein? Dann steht Jesus auf und droht den Winden und dem See.
Da tritt völlige Stille ein. Die Menschen um ihn aber staunen und fragen sich:
Was ist das für ein Mensch, dass ihm sogar der Sturm und die See gehorchen?
MT 8,23–27

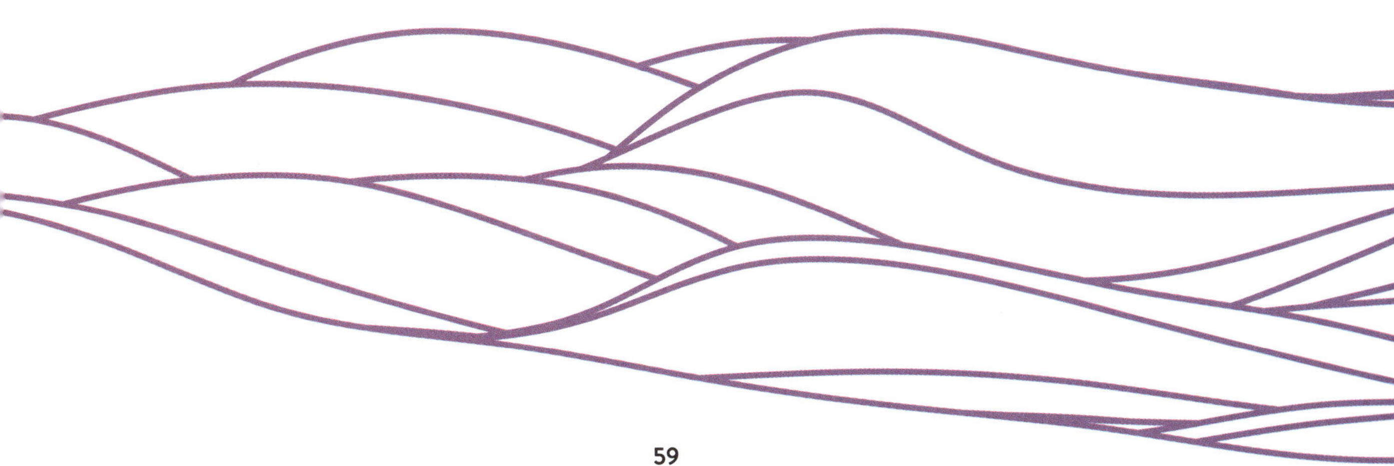

Auch in dieser Geschichte geht es nicht um die Frage, ob Jesus die Naturgesetze besiegt. Die ersten Christen erzählen sie nach Jesu Tod, als sie selbst bedroht sind und voller Angst. Der Sturm schlägt ihnen von vorn entgegen. Sie fühlen sich hilflos und von Jesus verlassen. Doch dann erfahren sie, dass Jesus zwar gestorben, doch auferstanden bei ihnen ist, dass er Mut machen und Kraft geben kann, dass er nicht schläft, sondern aufsteht und hilft. Und noch ein weiteres, durchaus vergleichbares Wunder Jesu erzählen die Evangelisten:

Jesus fordert die Jünger auf, ins Boot zu steigen und vorauszufahren an das andere Ufer.
Er selbst schickt die anderen weg und steigt auf einen Berg, um für sich allein zu beten.
Als es Abend wird, ist er immer noch dort. Das Boot ist schon weit entfernt auf dem See.
Es wird von den Wellen hin und her geworfen, denn es herrscht ein starker Gegenwind.
Da steht Jesus auf. Frühmorgens in der vierten Nachtwache geht er auf dem See zu ihnen.
Als die Jünger ihn über den See kommen sehen, erschrecken sie und schreien vor Angst.
Doch sofort spricht Jesus zu ihnen: Habt doch Vertrauen, ich bin es, fürchtet euch nicht!
Da ruft Petrus: Wenn du es bist, dann befiehl mir, dass ich auf dem Wasser zu dir komme.
Jesus antwortet: Komm! Da steigt Petrus aus dem Boot und kommt über das Wasser zu Jesus.
Als er den heftigen Sturm sieht, bekommt er Angst. Als er beginnt, unterzugehen, schreit er:
Herr, rette mich! Jesus streckt sofort die Hand aus, ergreift ihn und mahnt: Du Kleingläubiger!
Warum hast du gezweifelt? Und als sie wieder ins Boot gestiegen sind, legt sich der Wind.
Da fallen die Jünger im Boot vor Jesus nieder und staunen: Wahrhaftig, Gottes Sohn bist du!
MT 14,22–33

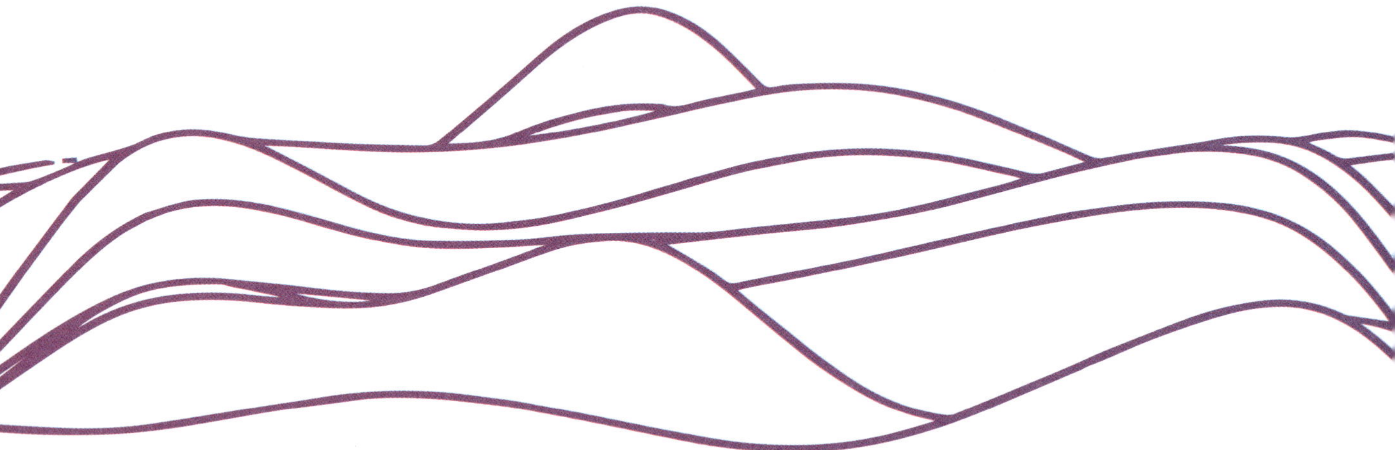

Auch bei diesem Wunder geht es nicht darum, ob Jesus als Mensch übers Wasser laufen kann.
Versuchen wir, es anders zu verstehen: Jesus will für sich sein, auf dem Berg, nah bei Gott.
Es wirkt so, als wäre er weit weg von allen anderen, als verschwände er für immer und alle Zeit.
Doch gegen Ende der Nacht erscheint er auf dem Wasser, ist wieder da, wie auferstanden.
Das hätte keine Kamera der Welt filmen können, hier geht es um eine andere, tiefere Wahrheit.
Wer vertraut und glaubt, für den kann es wahr werden, wie für Petrus und die anderen.
Gott lässt keinen allein auf dem Meer der Fragen, die uns manchmal bedrängen und bedrohen.
Dann gibt es zwar immer noch Stürme im Leben, doch besonders in Angst und Not ist Jesus da.
Daran können Menschen immer wieder zweifeln, aber im Leben verzweifeln brauchen sie nicht.
Wie in der Erzählung kann am Ende eine Erkenntnis stehen: Das ist wirklich Gottes Sohn!

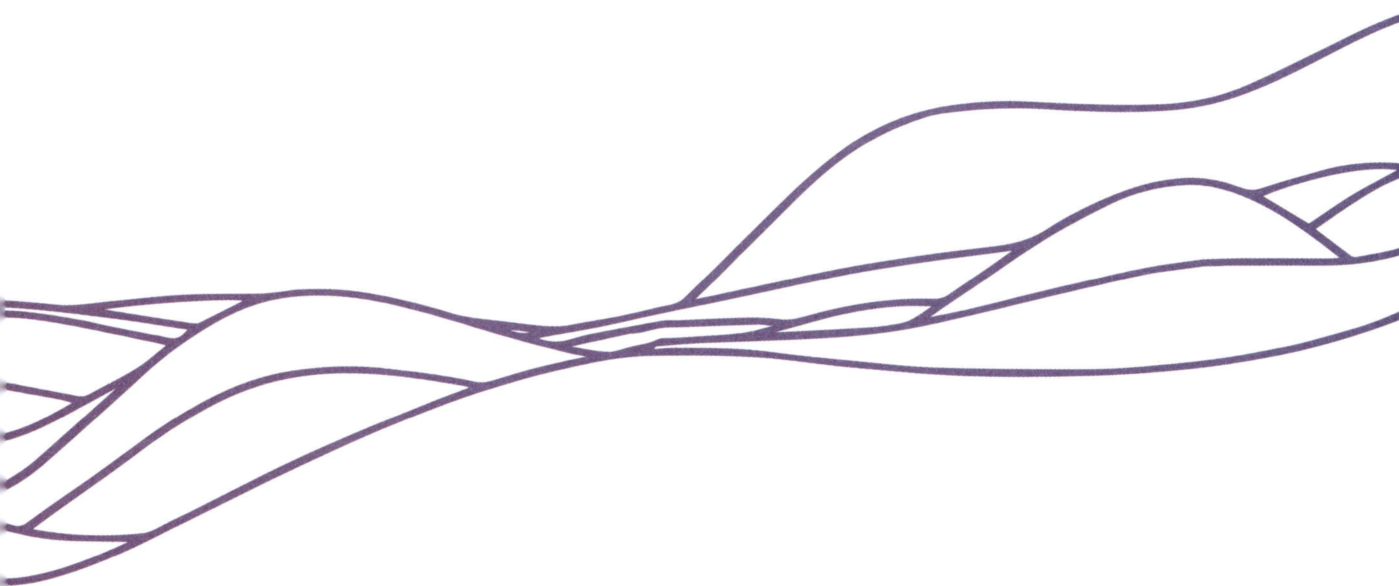

22. JESUS FRAGT:
WAS WILLST DU, WAS SOLL ICH DIR TUN? // MK 10,51

DIE GESCHICHTE VON BARTIMÄUS, DER SEHEN LERNT UND JESUS FOLGT

Immer wieder begegnen Menschen Jesus und finden danach ganz neu ins Leben zurück. Eine Geschichte von der Kraft des Glaubens und von der Nachfolge Jesu erzählt Markus.

Immer mehr Leute staunen über Jesus. Die Jünger aber haben mehr und mehr Angst,
denn schon dreimal hat Jesus ihnen erklärt, was mit ihm geschehen wird:
Ich werde den Menschen ausgeliefert. Sie werden mich auslachen und anspucken,
verletzen und töten. Wenn ich tot bin, werde ich nach drei Tagen auferstehen.
Die Jünger, seine allerbesten Freunde, verstehen mal wieder nicht, wovon er redet.
Es sieht so aus, als seien diejenigen, die ihm am nächsten sind, am weitesten entfernt.
Sie sind wie blind, obwohl ihre Augen nicht krank sind und eigentlich sehen können.
Auf ihrem Weg treffen sie den kranken Bettler Bartimäus, der tatsächlich blind ist.
Er hockt ganz unten auf der Erde. Als er Jesus hört, fängt er an zu schreien:
Jesus, erbarme dich meiner, hilf mir! Viele um ihn herum schimpfen: Sei still!
Doch da schreit Bartimäus noch lauter: Jesus, hab doch bitte Mitleid mit mir!

Jesus bleibt stehen und sagt: Ruft ihn her! Nun meinen dieselben Leute plötzlich: Nur Mut, steh auf, er ruft dich! Da wirft der Blinde den Mantel ab, springt auf und läuft eilig hin zu Jesus. Der fragt ihn: Was willst du, was soll ich dir tun? Der Blinde antwortet voll Vertrauen: Mein Lehrer, ich möchte wieder sehen. Zum Himmel aufschauen möchte ich. Jesus antwortet: Dein Glaube hat dich gerettet. Geh deinen Weg! Und sofort kann der Blinde sehen und folgt Jesus auf seinem Weg.
MK 10,32–34,46–52

Es ist erstaunlich: Die Freunde mit gesunden Augen sind blind, der fremde Blinde sieht. Die schon lange mit Jesus gehen, begreifen nichts, der Unbekannte am Wegesrand versteht. Ein Blinder vertraut, wird gerettet und ändert sein Leben. Das ist wirklich wunderbar. Er nimmt den Kompass seines Lebens in die Hand, ändert die Richtung und geht mit Jesus.

23. JESUS IST GEFRAGT: WAS SOLL DIESE VERSCHWENDUNG? // MK 14,4

VOM ÜBERLEBEN DES GLAUBENS DURCH DAS ERINNERN UND ERZÄHLEN

Und dann geht Jesus auf seinem Lebensweg die letzte und bitterste Wegstrecke.
Von Anfang an war der Weg nicht leicht, doch nun wird es unerträglich schwer.
Dafür Worte zu finden und es zu begreifen, ist eigentlich unmöglich und doch notwendig.
Wir müssen es immer wieder erzählen, uns daran erinnern und im Herzen bewahren.
Von der Kraft der Erinnerung erzählt uns Markus. Wieder einmal verblüfft Jesus alle.

Im Hause Simons besucht Jesus einen Kranken in Betanien und sitzt dort zu Tisch.
Da kommt eine Frau mit einem wertvollen Gefäß voll mit kostbarem Öl zum Salben.
Das ganze Duftöl gießt sie Jesus über sein Haar, alles bis zum allerletzten Tropfen.
So sind früher die Könige des Volkes Israel gesalbt und dadurch geehrt worden.
Auf ihre eigene Weise zeigt die Frau: Jesus ist der neue und so ganz andere König.
Einige um sie herum sind empört und schimpfen: Was soll diese Verschwendung?
Das wertvolle Öl hätte man verkaufen und das Geld dafür den Armen geben können.

So machen sie der Frau schwere Vorwürfe. Jesus aber sagt still und eindrücklich:
Hört auf zu schimpfen und lasst sie in Ruhe! Sie hat doch Gutes an mir getan.
Arme Menschen habt ihr immer bei euch und immer könnt ihr ihnen Gutes tun.
Ich aber werde nicht immer bei euch sein. Sie hat getan, was ihr möglich war.
Überall auf der Welt und zu allen Zeiten, wo die frohe Botschaft weitererzählt wird,
wird man sich auch an sie erinnern und erzählen, was diese Frau getan hat.
Denn sie hat mich schon vor meinem Tod gesalbt für mein Begräbnis.
Gesalbt wurden damals nämlich nicht nur Könige, sondern auch die Toten.
So wurde Jesus zum »Christus«, das heißt: der Gesalbte. So nennen wir ihn bis heute.
MK 14,3–9

Nun wissen wir, was Jesu zweiter Name bedeutet. Christus heißt im Hebräischen »Messias«. Das war früher der Hoheitstitel für die gesalbten Könige Israels. Daran knüpft Jesus an. Doch er ist ein ganz anderer König mit einer Macht, die von unten aus der Tiefe kommt.

Die Frau verschwendet nicht, sie verschenkt großzügig, und das bleibt in ewiger Erinnerung. Ohne Erinnerung an die Vergangenheit werden Gegenwart und Zukunft blind und sinnlos. Der Glaube der Juden und Christen kann nur durch ewiges Erinnern und Erzählen überleben. Durch Worte – weitergesagt, aufgeschrieben und überliefert – kann er weiter wachsen. Glaube braucht eine lebendige Sprache, um die Zeiten zu überstehen und sich zu entwickeln.

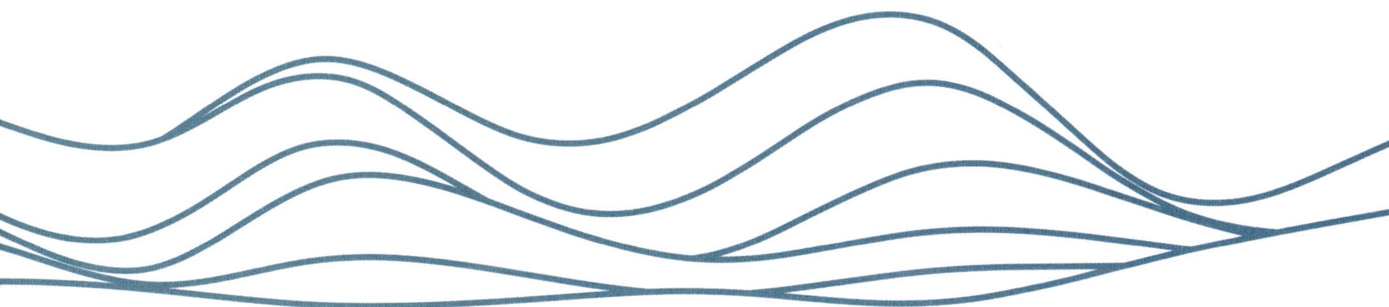

24. JESUS IST GEFRAGT:
BIN ICH ES ETWA, DER DICH VERRATEN WIRD? // MK 14,19

ÜBER DIE ZERBRECHLICHKEIT UND RETTUNG DER GEMEINSCHAFT

Bevor Jesus durch die Frau schon vor seinem Tod zum Gesalbten wird, ist viel passiert: Jesus ist mit seinen Jüngern auf einem jungen Esel in die Stadt Jerusalem eingezogen. Nicht wie ein mächtiger Kriegsherr, sondern sanft und still kommt er zu den Menschen. Begeistert jubeln sie ihm zu, dem ohnmächtig starken König, der im Namen Gottes kommt. Am Tag darauf geht er zum Tempel und stößt die Tische der Händler und Geldwechsler um, denn dieser Ort Gottes soll ein Haus des Gebetes sein und keine Räuberhöhle des Geldes. Dann naht das Paschafest, an dem sich die Juden an die Gefangenschaft in Ägypten erinnern, aus der sie mit der Hilfe Gottes gerettet wurden. Alle Juden bereiten das Paschamahl vor.

Als es Abend wird, trifft sich Jesus mit den zwölf Jüngern bei einem fremden Hausherrn.
Bei Tisch ergreift Jesus das Wort: Ich sage euch, einer von euch wird mich ausliefern.
Da werden die Jünger traurig. Jeder fragt Jesus: Bin ich es etwa, der dich verraten wird?
Jesus antwortet: Es ist einer von euch, der mit mir aus derselben Schüssel isst.

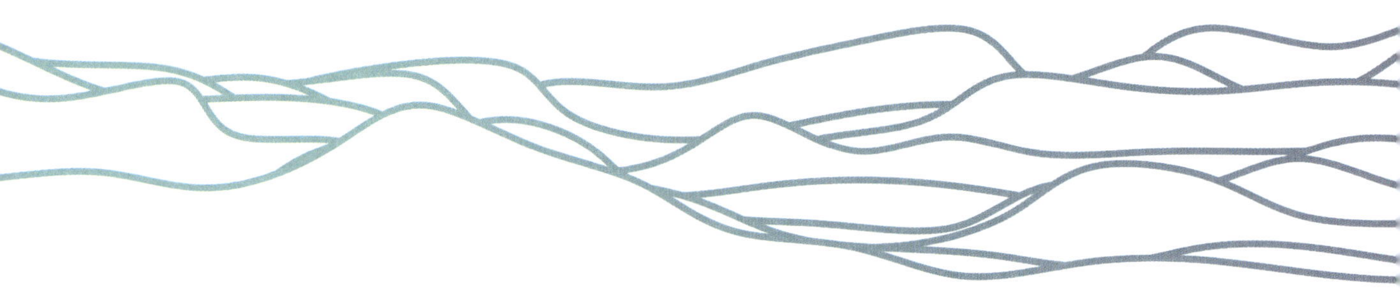

Dann nimmt Jesus das Brot, spricht den Lobpreis, bricht das Brot und reicht es ihnen: Nehmt, das ist mein Leib, das bin ich selbst. Ich selbst bin das Brot, das Leben schenkt für alle. Denkt immer an mich, wenn ihr gemeinsam dieses Brot esst. Dann nimmt er den Kelch, spricht das Dankgebet, gibt ihn den Jüngern, und sie trinken alle daraus. Und Jesus sagt: Das ist mein Blut, das bin ich selbst. Ich werde sterben, sodass alle für immer leben.

MK 14,17–25

Bis heute erinnern wir uns Jahr für Jahr an dieses letzte Abendmahl am Gründonnerstag. Was für ein ungewöhnliches Essen in unsicheren Zeiten. Niemand weiß, was kommt. Alle ahnen, Schlimmes wird geschehen. Mehrfach hat Jesus seinen Tod bereits angekündigt. Nun sagt er den Verrat durch einen seiner engen Freunde voraus. Der Tod sitzt mit am Tisch. Gewalt droht durch die Unterdrücker von außen, unterstützt durch Verräter von innen. Alles steht auf dem Spiel, kann für immer verloren gehen oder auch neu gewonnen werden. Niemand mehr hat die Zukunft unter Kontrolle. Das Kommende macht alle sprachlos. Die Gemeinschaft scheint zu zerbrechen. Alle Fragen sind offen, nichts ist mehr klar. In dieser Situation bleibt Jesus ganz ruhig und klar in seinen Worten. Er isst mit ihnen. Es ist eigentlich wie immer und doch ganz anders. Was Jesus sagt und sie mit ihm tun, können sie in Erinnerung an ihn immer neu wiederholen: bis heute in jedem Gottesdienst. Jesus verschenkt sich selbst, ist das Brot, das Leben erhält, ist der Wein, der belebt. Sein Tod ist kein von außen gefordertes Opfer, sondern die innere Folge seiner Sanftmut. In der Gemeinschaft beim Essen schenkt Jesus die Möglichkeit des Erinnerns und Erzählens. So wird der Tod entmachtet. Die Gemeinschaft und die Liebe sind stärker als der Tod.

25. JESUS FRAGT:
BEGREIFT IHR, WAS ICH AN EUCH GETAN HABE? // JOH 13,12

VOM HÖCHSTEN, DER SICH ZUM NIEDRIGSTEN MACHT

Als einziger Evangelist erzählt uns Johannes nicht von einem letzten Mahl mit den Jüngern. Dafür hören wir von einem unerhörten Geschehen, als Jesus vor einem Essen alle schockiert.

Es ist die Zeit vor dem Paschafest. Jesus weiß, dass seine Stunde gekommen ist,
um aus dieser Welt zum Vater hinüberzugehen. Da er alle liebt, die in der Welt sind,
liebt er sie bis zum guten Ende von allem und für alle. Es findet ein gemeinsames Essen statt.
Jesus, der weiß, dass er von Gott gekommen ist und zu Gott zurückkehrt, steht auf,
legt sein Gewand ab und hängt sich ein Leinentuch um. Dann gießt er Wasser in eine Schüssel
und beginnt, den Jüngern die Füße zu waschen und mit dem Leinentuch abzutrocknen.
Als er zu Simon Petrus kommt, sagt der zu ihm: Du, Herr, willst mir die Füße waschen?
Jesus antwortet ihm: Was ich tue, verstehst du jetzt noch nicht. Später wirst du es begreifen.
Petrus redet dagegen: Niemals sollst du mir die Füße waschen! Jesus erwidert ihm:
Wenn ich dich nicht wasche, dann gehörst du nicht zu mir. Nun meint Simon Petrus:
Herr, wasche bitte nicht nur meine Füße, sondern auch die Hände und den ganzen Kopf.

Jesus aber meint: Wer vom Bad kommt, ist rein und braucht sich nur noch die Füße waschen.
Da er weiß, wer ihn verraten und ausliefern wird, sagt er: Aber ihr seid nicht alle rein.
Als er ihnen die Füße gewaschen, sein Gewand wieder angelegt und Platz genommen hat,
fragt er: Begreift ihr, was ich an euch getan habe? Zurecht sagt ihr zu mir Meister und Herr.
Denn das bin ich. Wenn nun ich, der Herr und Meister, euch die Füße gewaschen habe,
dann müsst auch ihr einander die Füße waschen. Ich habe euch ein Beispiel gegeben.
Handelt auch ihr so, wie ich an euch gehandelt habe. Amen, amen, ich sage euch:
Der Sklave ist nicht größer als sein Herr, der Abgesandte nicht größer als der, der ihn sendet.
Wenn ihr das wisst und wenn ihr danach handelt, dann seid ihr selig.
JOH 13, 1–17

Was Jesus tut, ist schwer zu begreifen, denn wieder ist alles genau anders als erwartet.
Jesus wechselt einfach die Rolle, macht sich klein und übernimmt die Fußwaschung.
Das ist damals die niedere Arbeit der Sklaven. Er dient und zeigt die Liebe zu allen anderen.
Er spricht von Sklaven und Herren, die auf gleiche Weise wertig, würdig und liebenswürdig sind.
Bis zu seinem Ende wird Jesus in dieser Liebe bleiben und zeigen, wer er und wer Gott ist.
Gott ist Liebe, das ist das größte Geheimnis. Im Wort Geheimnis stecken heimlich und heimisch.
Gott ist Geheimnis, das heißt: Beim verborgenen Gott der Liebe sind wir geborgen und daheim.
Jesus fordert uns auf, auch die Rollen zu tauschen und den anderen liebevoll zu begegnen.
Dann erfahren wir den Himmel schon auf Erden und erahnen die Wirklichkeit Gottes.

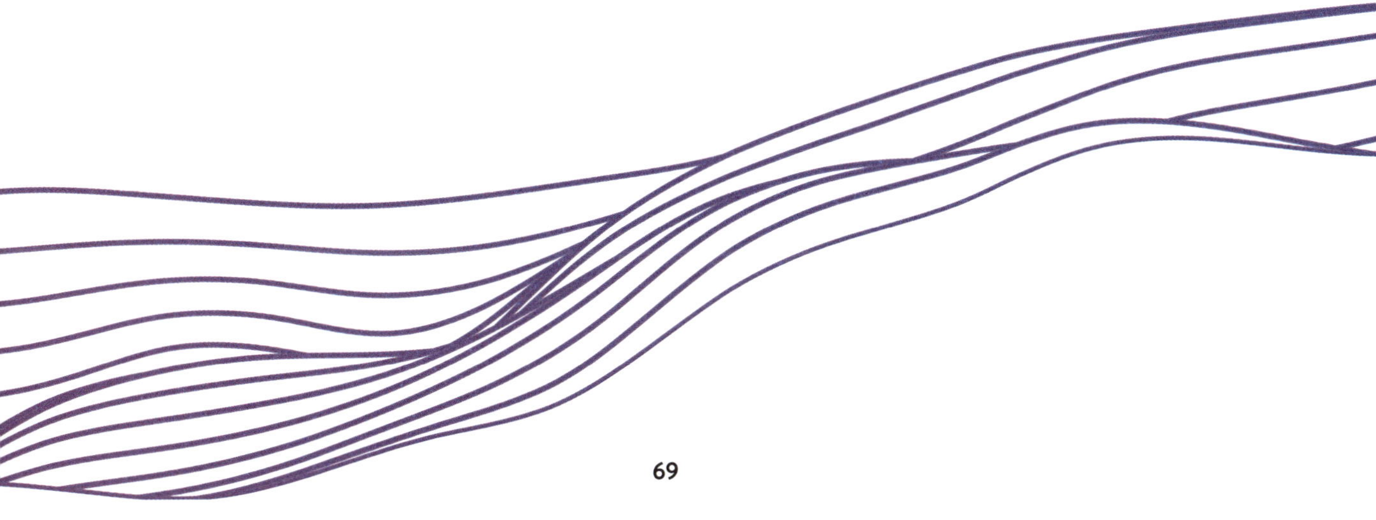

26. JESUS FRAGT:
KONNTEST DU NICHT EINE STUNDE WACH BLEIBEN? // MK 14,37

ÜBER ANGST UND MUT IN AUSWEGLOSER SITUATION

Nach dem Lobgesang am Ende des Paschamahls geht Jesus mit den Jüngern zum Ölberg. Unterwegs kündigt er nochmals an: Ihr werdet euch alle von mir abwenden und verzweifeln. Schon beim Propheten steht: Wird der Hirte erschlagen, werden die Schafe zerstreut. Wenn ich auferweckt bin und auferstanden vom Tod, gehe ich euch voraus nach Galiläa. Petrus widerspricht Jesus heftig: Auch wenn sich alle von dir abwenden, ich nicht! Jesus aber antwortet: Noch heute Nacht, bevor der Hahn zweimal gekräht hat, wirst du mich dreimal verleugnen. Doch Petrus bleibt felsenfest bei seiner Meinung: Sogar wenn ich mit dir sterben müsste, ich werde dich niemals verleugnen. Das Gleiche sagen auch alle anderen zu Jesus, sogar der Verräter unter ihnen.

Sie kommen zu einem Garten mit Namen Getsemani. Jesus bittet die Jünger:
Setzt euch hierhin, während ich bete. Nur Petrus, Jakobus und Johannes nimmt er mit.
Da ergreift ihn eine große Furcht. Auch Jesus ist ganz Mensch und nicht frei von Angst.
Er spricht zu ihnen: Meine Seele ist zu Tode betrübt. Wartet hier und bleibt wach!
Er geht ein Stück weiter, wirft sich zu Boden und fleht Gott an, ihm das Leid zu ersparen.
Er ruft seinen Vater an: Abba, alles ist dir möglich, das Leid ist zu groß, ich schaffe das nicht.
Dann jedoch ergänzt er: Nicht was ich will, sondern was du willst, das soll geschehen.
Jesus geht zurück und sieht die drei Jünger schlafend. Zu Petrus sagt er: Simon, du schläfst?
***Konntest du nicht eine Stunde wach bleiben?** Wacht und betet! Jesus entfernt sich wieder.*
Er betet, kehrt zurück und findet sie schlafend. Und das passiert sogar ein drittes Mal.
Da spricht Jesus: Nun ist es genug. Jetzt werde ich ausgeliefert. Der Verräter ist da.

Schon kommt Judas mit bewaffneten Männern. Jesu Freund und Jünger verrät ihn.
Judas geht auf Jesus zu und küsst ihn. Ein Liebeszeichen wird zum Zeichen des Verrats.
Die Männer nehmen Jesus gefangen. Jesus spricht: Jeden Tag war ich bei euch im Tempel.
Ich habe euch die Heilige Schrift gedeutet, da habt ihr mich nicht verhaftet.
Nun kommt ihr mit Schwertern und Knüppeln, als wäre ich ein Räuber.
Ein Jünger hat Jesus aus Enttäuschung verraten. Alle anderen flohen aus Angst.
Petrus, sein engster Vertrauter, wird dreimal angesprochen, dass er Jesus doch gut kennt.
Und dreimal lügt er und meint: Ich kenne Jesus nicht. Da kräht der Hahn zum zweiten Mal.
Und Petrus weint bitterlich. Es ist wahr: Wer Jesus wirklich ist, hat er noch nicht verstanden.
MK 14,26–50,66–72

Wer die Geschichte hört, vermisst zumindest drei Fragen, die sich Jesus sicher auch stellt. Die eine ist: Warum verrät ihn einer seiner Freunde? Vielleicht hat Judas anderes erwartet. Vielleicht dachte er, mit Jesus gibt es die großen Veränderungen mit Macht und Gewalt. Vielleicht wollte er aus Enttäuschung und Wut mit dem Geld einen eigenen Vorteil haben. Die zweite Frage: Wieso schafft es nicht einmal Jesu enger Freund Petrus, wach zu bleiben? Wenn ihm Jesus wirklich so nah und wichtig ist, hätte er diese Bitte leicht erfüllen können. Noch dringender ist die dritte Frage, aus der dann schnell wieder mehrere werden: Warum erspart Gott Jesus den Tod nicht? Warum sollte Gott das ganze Leid sogar wollen? Warum greift Gott nicht ein und lässt alles geschehen? Bis heute sind diese Fragen aktuell. Jeden Tag geschieht überall auf der Welt so viel, was für Gott unerträglich sein muss. Lüge und Gewalt, Macht und Ungerechtigkeit gewinnen gegen das Gute und die Liebe. Gott verhindert es nicht, greift nicht selbst in die Geschichte ein – ein ewiges Ärgernis! Vielleicht ist es wenigstens ein kleiner Trost, dass sogar Jesus daran fast verzweifelt ist. Doch Jesus weiß auch, dass sein Weg der Liebe ein Weg ohne Gewalt bleiben muss, dass er nur so den Weg zum Ende der Gewalt zeigen kann für alle, die davon hören. Trotz aller Angst, die Jesus wie jeder Mensch hat, bleibt er mutig und geht weiter voran.

27. JESUS FRAGT: WEN SUCHT IHR? // JOH 18,4

ÜBER DIE KRAFT DER LIEBE UND DAS ZIEL DER SUCHE

Die Geschichte von der Gefangennahme erzählt der Evangelist Johannes wieder etwas anders. Dabei hören wir eine Frage, die wir so ähnlich schon vom Anfang des Wirkens Jesu kennen. Kurz vor der Verhaftung betet Jesus zu Gott, der wie ein gerechter Vater ist, für die Menschen:

Bewahre alle vor dem Bösen, heilige sie in der Wahrheit und lass sie alle eins sein.
Die Welt hat dich nicht erkannt, ich aber habe dich erkannt und sie haben erkannt,
dass du mich gesandt hast. Ich habe ihnen deinen Namen gesagt und werde ihn verkünden,
damit die Liebe, die du mir schon vor Beginn der Welt gabst, in ihnen ist und ich in ihnen bin.
Nach diesen Worten geht Jesus mit den Jüngern raus auf die andere Seite des Baches Kidron.
Dort ist ein Garten, in den er nun mit seinen Jüngern hineingeht wie schon so oft zuvor.
Deshalb kennt Judas den Ort. Er holt die Soldaten und die Gerichtsdiener der Hohepriester,
sie kommen dorthin mit Fackeln, Laternen und Waffen. Jesus weiß, was nun mit ihm geschieht.
Er geht hinaus und fragt sie: Wen sucht ihr? Sie antworten ihm: Jesus von Nazaret.
Er sagt zu ihnen und auch zu Judas: Ich bin es. Da weichen sie zurück und stürzen zu Boden.

Er fragt sie noch einmal: Wen sucht ihr? Wieder sagen sie: Jesus von Nazaret.
Jesus antwortet: Ich habe euch gesagt, dass ich es bin. Deshalb lasst die anderen gehen!
So erfüllt sich sein Wort: Ich habe keinen von denen verloren, die du mir gegeben hast.
Simon Petrus, der ein Schwert bei sich hat, zieht es und schlägt einem Diener ein Ohr ab.
Da sagt Jesus zu ihm: Steck das Schwert ein! Soll ich den Kelch des Leidens etwa nicht trinken?
JOH 17,15–26; 18,1–11

Die Frage »Was sucht ihr?« haben wir am Anfang gehört. Nun heißt es »Wen sucht ihr?«
Vom Inhalt des Suchens wechselt die Frage zu einem Menschen, der das Ziel des Suchens ist.
Das eine und das andere gehören zusammen: was und wer uns im Leben wichtig ist.
Jesus stellt die Frage diesmal nicht künftigen Freunden, sondern Menschen, die gegen ihn sind.
Ausgerechnet die Soldaten fallen erschrocken zu Boden, da sie in Jesus Gott selbst spüren.
In Jesus ist die Kraft des Friedens wirksam, die Gewalt ablehnt und den Weg der Liebe zeigt.

28. JESUS IST GEFRAGT:

BIST DU CHRISTUS, DER SOHN GOTTES? – BIST DU DER KÖNIG DER JUDEN? // MK 14,61;15,2

ÜBER DIE BEFRAGUNG UND KREUZIGUNG JESU

Markus erzählt uns von zwei Verhören, in denen Jesus nach seiner Person gefragt wird. Damit will er nach dem Tod Jesu zeigen, wer der Auferstandene in Wahrheit war und ist. Zuerst fragen ihn vor allem die Sadduzäer vom sogenannten Hohen Rat der Juden aus. Die Führenden unter ihnen fühlen sich von Jesus in ihrer Stellung und ihrem Einfluss gestört. Sie wollen ihn den Römern ausliefern, können ihm aber nichts Schlimmes anlasten. Jesus schweigt zu all den widersprüchlichen Aussagen gegen ihn, ist gelassen und ruhig.

Da stellt der Hohepriester die entscheidende Frage: Bist du der Messias, der Retter Israels? Bist du Christus, der Sohn Gottes? Da schließlich antwortet Jesus: Ja, ich bin es. Ihr werdet mich an Gottes rechter Seite sitzen sehen. Da ruft der Hohepriester zornig: Wozu brauchen wir noch Zeugen? Ihr habt es gehört: Er hat Gott gelästert und beleidigt! Und sie verurteilen ihn alle und meinen: Er ist schuldig und muss sterben.
MK 14,61–64

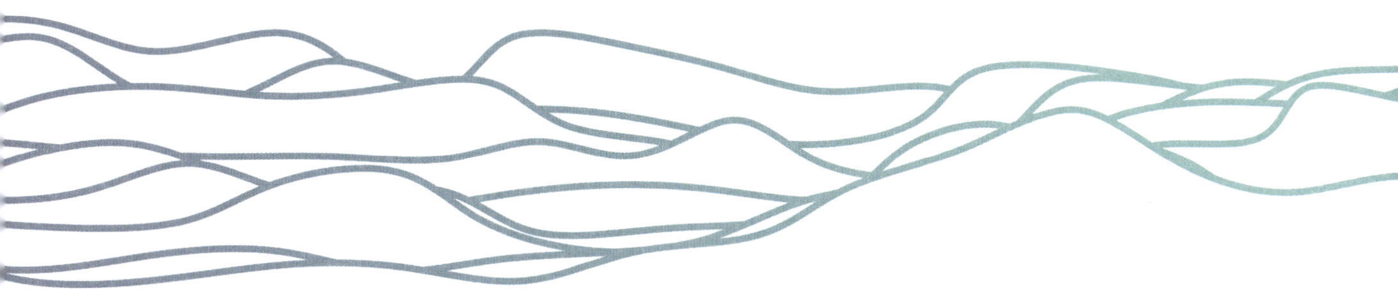

Die ganze Wut und Unzufriedenheit richten sich gegen Jesus, der still alles erträgt.
Dann liefern die Hohepriester, die Ältesten und Schriftgelehrten Jesus den Römern aus.
So wird Jesus vor den mächtigen römischen Statthalter Pontius Pilatus geführt.
Pilatus fragt: Bist du der König der Juden? Jesus antwortet wieder nur: Du sagst es.
Pilatus fragt weiter: Willst du nichts gegen die vielen Anklagen gegen dich sagen?
Jesus aber schweigt. Pilatus wundert sich zwar, doch er verurteilt Jesus zum Tode.
Er hat Angst vor der Unruhe im Volk und Angst um seine Macht und befiehlt, ihn zu töten.
Ohne wirklichen Grund und ohne einen Funken Gnade überlässt er ihn seinen Soldaten.
Die Soldaten ziehen Jesus die Kleider aus und hängen ihm einen roten Mantel um.
Sie setzen ihm eine Dornenkrone auf den Kopf, schlagen ihn und spucken ihn an.
Sie verspotten ihn, ziehen ihm seine Kleider wieder an und führen ihn hinaus.
Sie zwingen einen Bauern vom Feld namens Simon, das Kreuz Jesu zu tragen.
Sie bringen Jesus zu einem Berg mit dem Namen Golgota, das heißt: Schädelberg.
Sie kreuzigen ihn um neun Uhr und dann verlosen sie die Kleider unter sich.
Eine Aufschrift auf einer Tafel gibt den Grund der Kreuzigung an: König der Juden.
MK 15,1–5,15–26

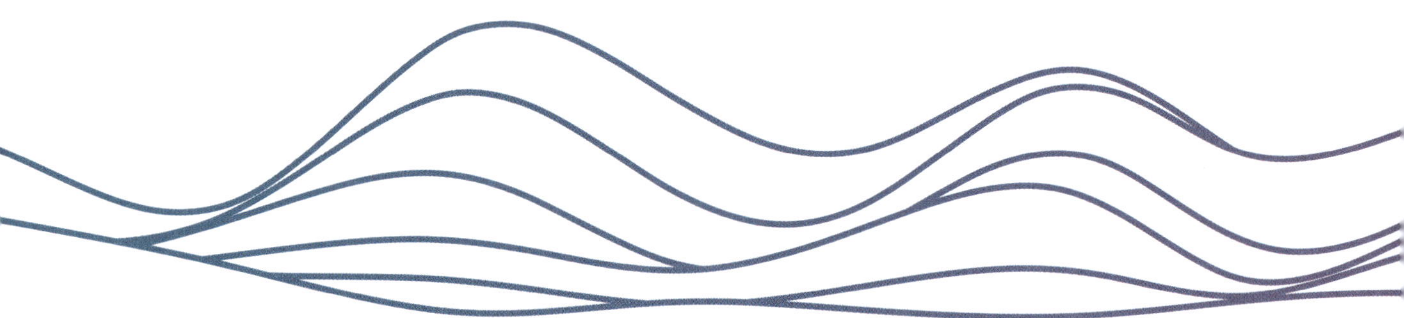

29. JESUS FRAGT:
MEIN GOTT, MEIN GOTT, WARUM HAST DU MICH VERLASSEN? // MK 15,34

EIN VERZWEIFELTER MENSCH UND VERWUNDBARER GOTT

Um zwölf Uhr bricht eine Finsternis über das ganze Land herein, drei Stunden lang.
Um drei Uhr schreit Jesus: Eli, Eli – mein Gott, mein Gott, warum hast du mich verlassen?
Da spottet einer: Er ruft den Propheten Elija. Mal sehen, ob Elija kommt und ihn rettet.
Jesus aber schreit laut auf und stirbt. Da zerreißt der Tempelvorhang von oben bis unten.
Das kann für uns Menschen bedeuten: Nun ist der Weg zu Gott offen für alle.
Ein Hauptmann, also ein Mensch, der nicht an Gott glaubt, sieht, wie Jesus stirbt.
Da erkennt er: Es ist wirklich wahr. Dieser Mensch ist Gottes Sohn!
MK 15,33–39

Jesu letzte Worte formen eine Frage. Der Sohn Gottes stirbt mit einer Frage auf den Lippen. Unfassbar! Sogar ungeheuerlich ist der Inhalt der Frage, die es ohne Frage in sich hat. Verzweifelt fragt er Gott, der ihm ein unendlich liebender Vater ist, warum er ihn nicht rettet. Diese Frage ist über Jahrtausende von unzähligen Menschen immer wieder gestellt worden. Bis heute wird sie oft ausgesprochen, gerade wenn gläubige Menschen Gottes Hilfe vermissen.

Diese Klage gegenüber Gott stammt aus dem Psalm 22, also aus einem Gebet der Juden, das sie wie auch Christen beten, wenn sie in Not sind: Wo bist du, Gott? Wann hilfst du?
Mit der Frage an die Menschen »Was sucht ihr?« hat Jesus sein Wirken begonnen.
Mit der Frage an Gott »Warum hast du mich verlassen?« endet sein kurzes Leben.
Als Mensch ist er selbst Sucher und Fragender, fühlt Angst und Schmerz, zweifelt und klagt.
So ermutigt er uns, suchend und fragend zu leben und alle Gefühle offen auszusprechen.
Dass in diesem gekreuzigten Menschen Gott selbst erscheint, sprengt alle Erwartungen.
Im Menschen Jesus zeigt sich der unendliche Gott als verletzlich und verwundbar.
Jesus gibt sich aus Liebe hin und wird zur Wunde Gottes in der Welt der Menschen.
Niemand versteht Jesus, keiner begreift, dass sich gerade im Geringsten Gottes Größe zeigt.
Nicht einmal die engsten Freunde ahnen das, die Männer fliehen ängstlich und enttäuscht.
Nur einer, ausgerechnet ein Nichtglaubender, der da ist und es sieht, erkennt die Wahrheit.

Doch nicht alle, die Jesus nahestehen, sind geflohen. Viele Frauen bleiben mutig da.
Sie hatten Jesus durch Galiläa begleitet und für das gesorgt, was er zum Leben braucht.
So sind sie auch jetzt dabei, unter ihnen Maria Magdalena, eine andere Maria und Salome.
Ein angesehener Mann des Hohen Rats aber ist die Ausnahme: Josef von Arimathäa wagt es,
Pilatus nach dem gestorbenen Jesu zu fragen, denn er wartet und hofft auf Gottes Reich.
Pilatus gibt sich überrascht, dass Jesus schon tot ist, aber gibt ihn zum Begräbnis frei.
Da kauft Josef ein Leinentuch, nimmt Jesus vom Kreuz ab und wickelt ihn in das Tuch.
Dann legt er ihn in ein Felsengrab und wälzt einen Stein vor den Eingang des Grabes.
Maria aus Magdala und die andere Maria sehen genau, wohin Jesus gelegt wird.
MK 15,40–47

30. BOTEN GOTTES FRAGEN: WAS SUCHT IHR DEN LEBENDEN BEI DEN TOTEN? // LK 24,5

ÜBER EINEN UNBEGREIFLICHEN ANFANG NACH EINEM UNERHÖRTEN ENDE

Mit dem grausamen Tod Jesu sind wir am tiefsten Punkt angekommen: Alles ist vorbei! Alle Hoffnung auf bessere Zeiten auf der Erde und auf eine Zukunft bei Gott ist vernichtet. Viele fragen sich: Was nützt die beste Botschaft, wenn sie am Ende so fürchterlich scheitert? Alle sind am Boden zerstört, die Männer sind fort, einige Frauen aber geben nicht auf. Dass uns der Evangelist Markus als Mann das Folgende erzählt, ist ein guter Grund dafür, dass es passiert ist. Er hat es kaum erfunden, da Frauen als Zeugen nicht anerkannt waren. Das ist aus heutiger Sicht unverschämt, unterstreicht aber die Glaubwürdigkeit des Erzählten.

Der Sabbat ist vorüber. Maria Magdalena, Maria und Salome kaufen gut riechende Öle. Sie wollen Jesus salben. Sehr früh kommen sie zum Grab. Gerade geht die Sonne auf. Sie fragen sich: Wer wird uns den schweren Stein am Eingang des Grabes wegrollen? Doch dann sehen sie hin und erkennen: Der große Stein ist schon an die Seite gerollt. Sie gehen in das Grab hinein und sehen rechts einen jungen Mann mit weißem Gewand, das leuchtet, als wäre es aus Licht. Sie erschrecken sich, doch der Jüngling spricht zu ihnen:

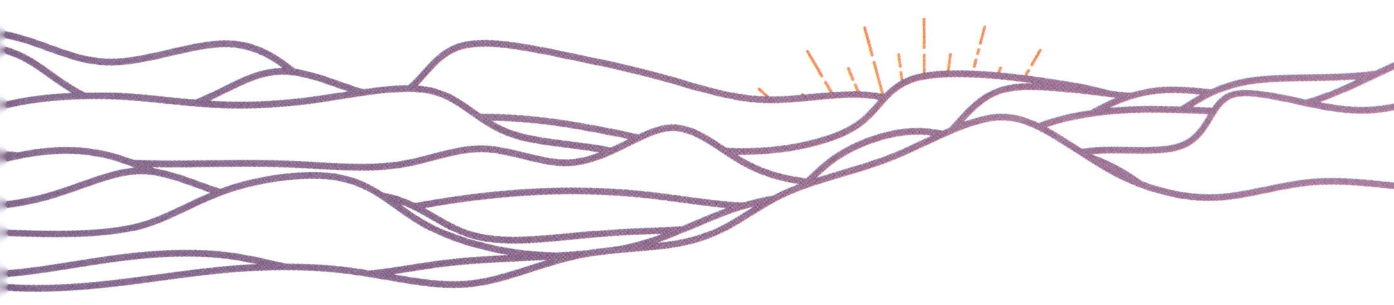

Habt keine Angst! Ihr sucht Jesus von Nazaret, den Gekreuzigten!? Er ist auferweckt worden.
Er ist nicht hier. Seht da die Stelle, wo er hingelegt worden ist. Macht euch sofort auf!
Sagt seinen Jüngern, besonders Petrus: Er geht euch voraus auf dem Weg nach Galiläa.
Dort werdet ihr ihn sehen. Es wird genau so sein, wie er es euch angekündigt hat.
Eilig verlassen die Frauen das Grab und rennen davon. Sie zittern vor Schreck und Aufregung.
Sie sind sprachlos und erzählen aus Furcht niemandem, was sie gesehen und gehört haben.
MK 16,1–8

Alle vier Evangelisten erzählen die Botschaft von der Auferstehung Jesu auf ähnliche Weise. Markus kleidet die Frage nach der Suche nach dem Gekreuzigten eher in eine Aussage. Bei Matthäus spricht ein Engel am Grab: Ich weiß, ihr sucht Jesus, den Gekreuzigten. (Mt 28,5) Bei Lukas aber fragen zwei Boten Gottes: *Was sucht ihr den Lebenden bei den Toten?* (Lk 24,5) Alle Botschafter am Grab Jesu sprechen in seinem Namen und stellen allen seine Fragen.

Nur Markus beendet sein ganzes Evangelium so unglaublich offen mit sprachlosen Frauen. Ein späterer Schreiber hält das nicht aus und fügt noch hinzu, dass Jesus anderen erscheint. Markus aber verzichtet auf Wahrheitsbeweise und stellt damit wirklich ernsthafte Fragen: Glaubst du, was ich dir hier erzähle, dass Jesus den Tod besiegt und wieder ganz neu da ist? Glaubst du, dass der Auferstandene deinem Leben Kraft gibt und uns alle ermutigt zu leben? Glaubst du, dass wir eines Tages auferstehen, erwartet werden und einander wiedersehen? Mit dem offenen Ende stellt besonders Markus seine Fragen allen damals und bis heute uns.

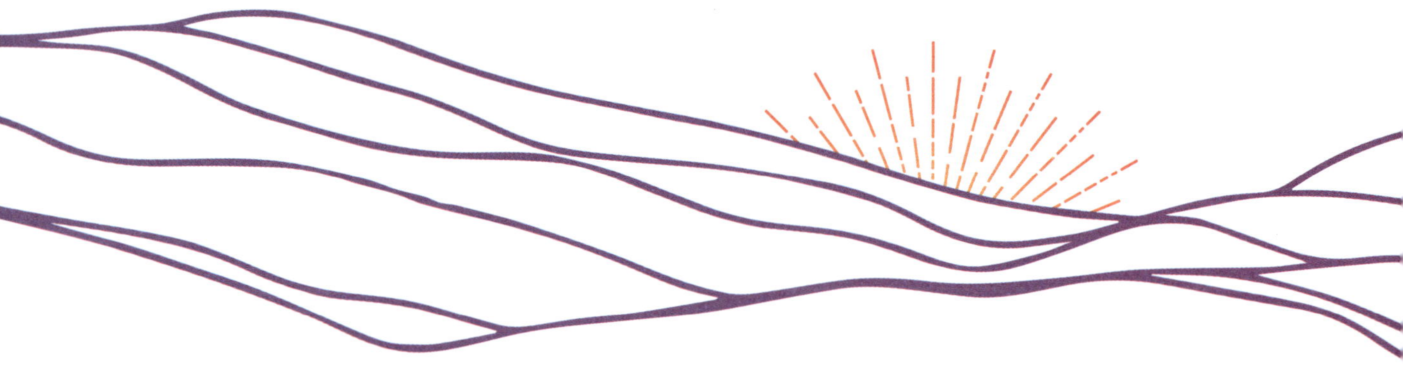

Denn nur die tatsächliche Erfahrung Jesu ermöglicht eine gläubige Deutung des Geheimnisses, dass es eine »Begegnung«, eine »Erscheinung«, ein »Sehen« des Auferstandenen war. Dabei geht es nicht um ein Sehen durch eine Kamera, sondern um ein Sehen, das Gott schenkt. Wer Jesus nicht persönlich erfährt, kann keine endgültigen Glaubensbeweise bekommen.

Von dieser Lücke an Beweisen erzählt Johannes ganz anders: *Jesus erscheint den Jüngern. Nur Thomas war nicht dabei und glaubt es nicht. Da erfährt auch Thomas, dass Jesus da ist. Jesus lässt ihn, wie er es wünscht, seine Wunden an den Händen sehen und am Leib spüren. Nun erkennt Thomas und spricht es aus: Mein Herr und mein Gott! Doch Jesus sagt zu ihm: Weil du mich gesehen hast, glaubst du. Selig sind, die nicht sehen und doch glauben.*
JOH 20,24–29

Von Lukas kennen wir schon die wunderbare Geschichte von den Emmaus-Jüngern, die am Anfang unseres Erzählweges zu Jesus stand. Lange Zeit sind diese Jünger wie blind. Als sie ihn sehen und erkennen, entzieht er sich ihren Blicken. Jesus zeigt sich verborgen.

Auch Matthäus erzählt, dass Jesus wiederauferstanden den elf Jüngern in Galiläa erscheint: *Als sie Jesus auf einem Berg sehen, machen sich einige vor ihm klein, andere zweifeln. Da gibt Jesus ihnen einen Auftrag: Geht und macht alle Völker zu meinen Jüngern, tauft sie auf den Namen des Vaters und des Sohnes und des Heiligen Geistes! Und zuletzt verspricht Jesus: Seht, ich bin mit euch alle Tage bis zum Ende der Welt.*
MT 28,17–20

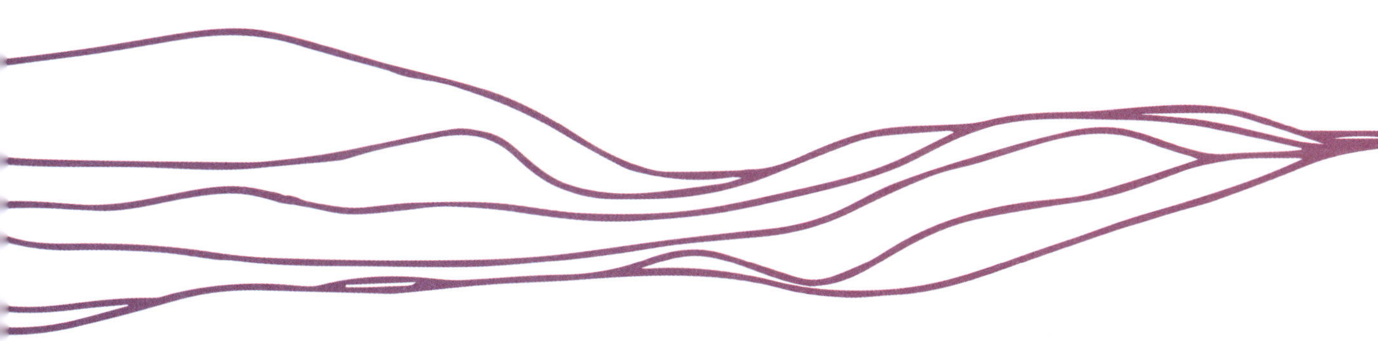

31. JESUS FRAGT: WARUM WEINST DU? WEN SUCHST DU? // JOH 20,15

DIE GESCHICHTE DER FRAU, DIE TRAUERT UND SICH UMWENDET

Mit den Jüngern von Emmaus haben wir begonnen, nach dem Auferstandenen zu fragen. Mit der Frage »Was sucht ihr?« hat Jesus sein Wirken unter den Menschen angefangen. Mit einer Frau, die weint und sucht, kommen wir zum Ende, in dem ein neuer Anfang liegt.

Der Evangelist Johannes erzählt, dass Maria von Magdala das leere Grab Jesu entdeckt. Auch bei ihm ist eine Frau früh am Morgen die erste Zeugin der frohen Osterbotschaft. Deshalb gilt eine Frau als die Jüngerin für die zwölf Jünger Jesu, als Apostelin der Apostel. Maria holt Petrus und einen weiteren Jünger herbei, die ins Grab schauen und hineingehen. Doch sie verstehen nicht, was das zu bedeuten hat, und gehen beide wieder nach Hause.

Maria aber bleibt draußen vor dem Grab und weint. Noch während sie weiter weint, beugt sie sich in die Grabkammer und schaut hinein. Da sieht sie zwei Engel dort sitzen, beide in lichtweißen Gewändern, einer am Kopfende und einer am Fußende der Stelle, an der Jesus vorher gelegen hat. Sie sagen zu ihr: Frau, warum weinst du? Sie antwortet:

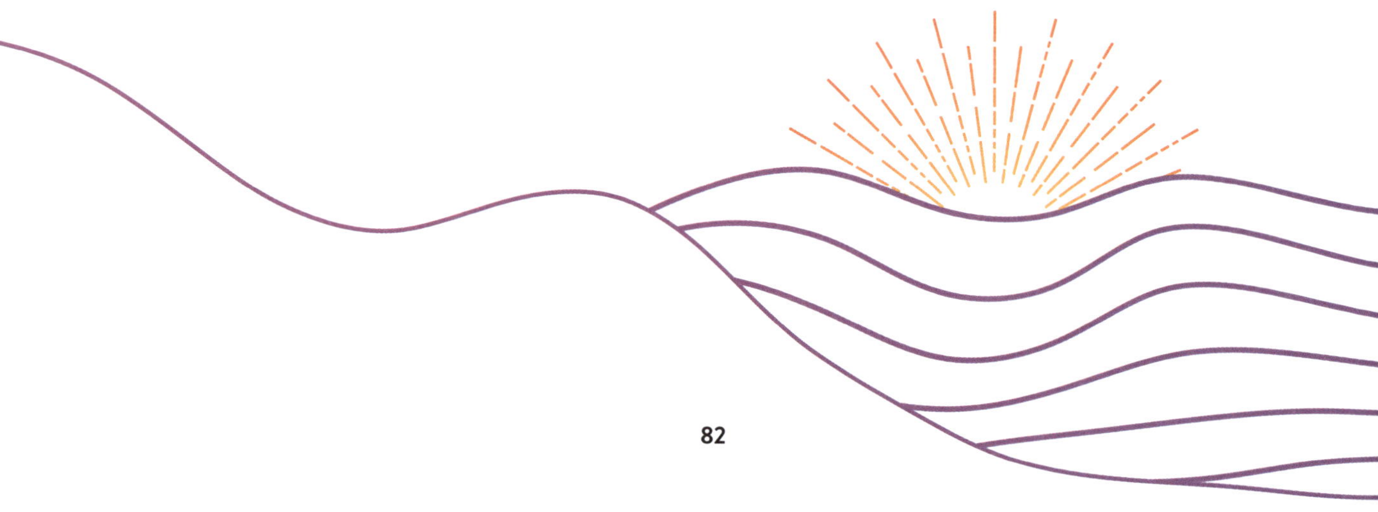

Sie haben meinen Herrn weggenommen, ich weiß nicht, wohin sie ihn gelegt haben.
Da wendet sie sich um und sieht Jesus dastehen, doch sie weiß nicht, dass es Jesus ist.
Jesus fragt sie: Warum weinst du? Wen suchst du? *Doch Maria meint, es ist der Gärtner.*
So sagt sie zu ihm: Herr, wenn du ihn weggebracht hast, sag mir, wohin du ihn gelegt hast!
Ich will ihn holen. Jesus spricht sie an: Maria! Da wendet sie sich um und sagt: Rabbuni!
Das ist Hebräisch und heißt Meister. Jesus aber sagt zu ihr: Halte mich nicht fest!
Denn ich bin noch nicht zum Vater hinaufgegangen. Geh zu meinen Brüdern und sag ihnen,
dass ich hinaufgehe zu meinem Vater und eurem Vater, zu meinem Gott und eurem Gott.
Darauf geht Maria von Magdala zu den Jüngern und verkündet ihnen voll Freude:
Ich habe den Herrn gesehen. Und sie erzählt alles, was Jesus ihr gesagt hat.

JOH 20,11–18

Wieder wird eine unglaubliche Geschichte des Glaubens erzählt, die fragt: Glaubst du das? Maria Magdalena sucht Jesus wie einen Geliebten, der über Nacht verloren ging. Eine solche Geschichte wird schon im Ersten Testament im Hohelied der Liebe erzählt. Denn die Liebe zwischen zwei Menschen ist ein Bild für die Liebe Gottes zu uns Menschen. Aus der Dunkelheit und Tiefe schöpft Maria neue Hoffnung. Das geschieht in drei Schritten: Wir sehen sie erst traurig *weinen*, dann erstaunt *sich umwenden*, schließlich froh *verkünden*. Drei Bilder entstehen beim Hören: nach der *Trauer* kommt erst die *Wende*, dann die *Freude!* Als sie sich vom Tod abwendet und sich dem Leben zuwendet, geht es wieder aufwärts. Maria vermisst und sucht Jesus. Sie findet ihn in der Begegnung und in seinen Fragen. Sie erkennt ihn, als er sie mit »Maria« anspricht, so wie es schon beim Propheten Jesaja heißt: Hab keine Angst, denn ich habe dich erlöst, ich habe dich beim Namen gerufen, du bist mein!

Schauen wir auf die Fragen Jesu. Zuerst fragt er sanft nach der Trauer: Warum weinst du?
Jesus kommt zu uns wegen unserer Tränen, wegen allem Leid und Schmerz auf dieser Erde.
Er sagt nicht einfach: Hör auf zu weinen! Mit einer Frage umarmt er Maria und ist bei ihr.
Gott leidet unter dem Leid der Menschen wie niemand anders auf der Welt.
Gott interessiert sich für unsere Tränen, kann keinen weinen sehen und leidet mit.
Gott sammelt im Himmel nicht das, was uns misslingt und was wir falsch machen.
Gott hebt alle Tränen auf, die wir jemals aus Liebe zum Leben geweint haben.
Gott will unsere Tränen trocknen, sie ertragen und in neues Leben verwandeln.
Denn in Jesus hat Gott sein Leben für immer mit uns Menschen verbunden.

Jesus stellt eine zweite Frage, die er auch schon den ersten Jüngern gestellt hat.
Es ist seine Frage am Anfang und es bleibt seine Frage zum Ende: Wen suchst du?
Der Mensch ist ein Suchender. Mit der Geburt fängt es an und es hört niemals auf.
Voller Sehnsucht fragen wir nach dem Leben, nach unserem Weg und nach dem Mehr.
Der Glaube ist unsere endlose Sehnsucht, unsere bleibende Suche, unser ewiges Fragen.
Er hilft uns auszuhalten, dass wir das Leben, uns selbst und Gott nie ganz begreifen.
Gerade dabei nimmt Jesus uns ernst und macht uns Mut zum Suchen und Fragen.
Wir können auf den Auferstandenen schauen und jetzt unseren Weg im Leben finden.
Gottes Geist schenkt uns das Vertrauen und die Kraft, im Leben immer neu aufzustehen.

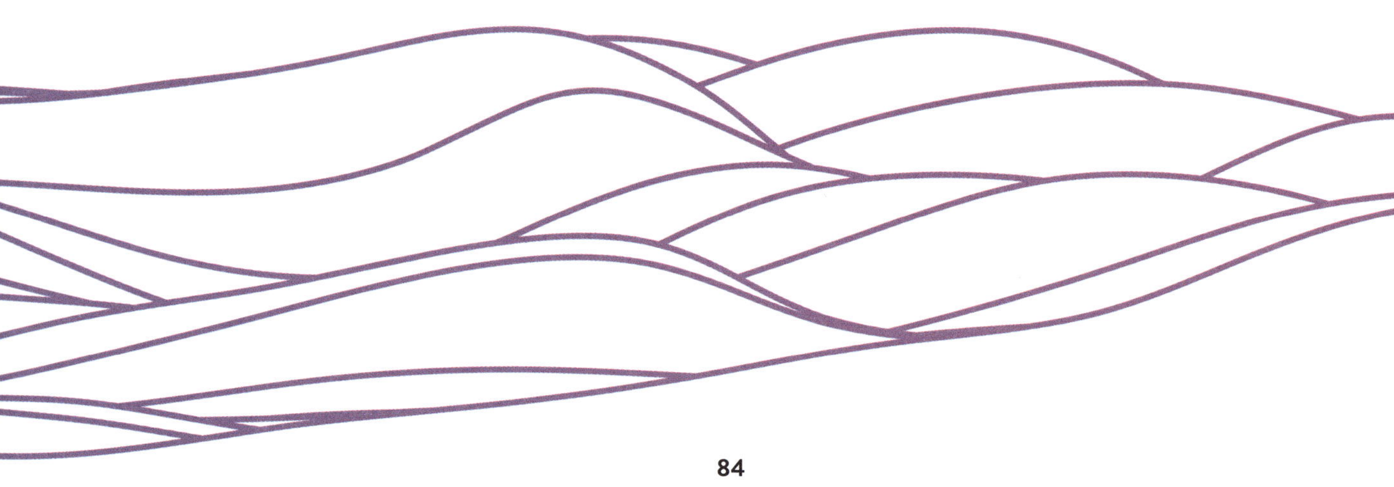

Vielleicht finden wir den Menschen Jesus, der selber fragt und der gefragt ist,
auch heute am besten bei den Menschen, die Fragen stellen und Fragende bleiben.
Vielleicht finden wir ihn weniger bei den Wissenden und mehr bei den Staunenden,
die nicht alles für selbstverständlich halten und sich noch wundern können.
Sicherlich finden wir ihn leichter bei den Kleinen als bei den Mächtigen, bei denen,
die am Rande stehen, sich nicht so wichtig nehmen und darin ihre Größe zeigen.
Sicherlich suchen wir ihn am besten bei denen, die selbst immer weiter suchen,
bei allen, die nicht genau Bescheid wissen, dass es Gott sicher gibt oder nicht gibt.
Bei den Suchenden und Kleinen, bei den Staunenden und Fragenden,
da ist Jesus zu Hause, da zeigt sich Gott so klar und nah wie nirgendwo sonst.
Dort können wir den Menschen Jesus finden und in den Menschen Gott sehen,
einen Gott, der mehr in Fragen als in Antworten wohnt, weit und nah erscheint,
als unergründliches Geheimnis hoch über uns, mitten unter uns, und tief in uns ist.

32. JESUS FRAGT: WARUM HABT IHR MICH GESUCHT? // LK 2,49

GESCHICHTEN AUS JESU KINDHEIT ALS ERZÄHLUNGEN VON GOTT, DER MENSCH WIRD

Einen langen Weg durch die Geschichten aus dem Leben Jesu sind wir gegangen.
Begonnen haben wir am Ende von allem, bei der Auferstehung, die ein neuer Anfang war.
Dann ging es ungefähr drei Jahre zurück zum Leben Jesu bei den Menschen bis zum Tod.
Am Ende springen wir noch ungefähr *dreiunddreißig Jahre zurück* zum Lebensanfang Jesu.
Denn von diesem einzigartigen Menschen muss auch der Beginn des Lebens erzählt werden.

Zuerst schreibt Paulus nur: Jesus kommt von Gott und ist geboren von einer jüdischen Frau.
Matthäus und Lukas aber erzählen in ihren Evangelien von der Geburt und Kindheit Jesu.
Da geht es nicht zuerst darum, was wann wo wie geschah, sondern wer Jesus für alle ist.
Was die Evangelisten erzählen, spiegelt den Auferstehungsglauben wider, damals wie heute:
Was wir Ostern feiern, Jesu Auferstehen aus dem Tod, ist der Grund für das Weihnachtsfest.
Das Licht der Weihnachtskerzen kommt also einzig und allein vom Licht der Osterkerze.
Jahr für Jahr feiern wir in der dunkelsten Zeit des Jahres, dass ein Licht in die Welt kommt.
Damals wie heute sehen die Menschen in Jesus ein Licht von Gott in einer finsteren Zeit.
Erzählt wird von Jesus, der Mensch wird. Erzählt wird von Gott, der in Jesus zu uns kommt.

Matthäus entwirft sein Jesus-Bild nah an den jüdischen Schriften, die auch Jesus heilig waren.
Er schreibt für Christen, die Juden waren, und zeigt, wie Jesus die Prophetenworte erfüllt.
Er sieht Jesus als Sohn seiner Vorfahren von Abraham, Isaak und Jakob, von Ruth bis David
und auch von Josef, dem Mann von Maria, die Jesus wie durch ein Wunder zur Welt bringt.
Mit Jesus geht die Geschichte des Volkes Israel und die Geschichte aller Menschen weiter.

Maria ist mit Josef verlobt. Sie erwartet ein Kind. Deshalb will Josef sich still von ihr trennen.
Da hört er im Traum die Stimme eines Engels: Hab keine Angst, Maria zu heiraten.
Sie wird einen Sohn zur Welt bringen, wunderbar geschenkt durch den Heiligen Geist.
Gib ihm den Namen Jesus, das heißt: Gott hilft. Denn Jesus wird sein Volk retten.
Sterndeuter sehen seinen Stern aufgehen und suchen nach dem neuen König der Juden.
Als der grausame König Herodes das hört, fürchtet er um seine Macht und will Jesus töten.
Die Sterndeuter aber verraten ihm nichts und folgen dem Stern bis nach Betlehem.
Als sie in einem Stall das Kind mit seiner Mutter Maria sehen, jubeln sie und beten es an.
Sie schenken ihm Gold, Weihrauch und Myrrhe. Sie sehen in Jesus Gottes Licht strahlen.
Von Geburt an ist Jesus in Gefahr. Doch Josef und Maria fliehen mit Jesus nach Ägypten.
Als Herodes stirbt, zieht Josef mit Kind und Mutter zurück nach Israel wie einst das Volk.

Damals hat Gott die Israeliten aus der Gefangenschaft des ägyptischen Pharaos befreit,
und Mose hat das Volk geführt. Nun kommt Jesus zurück aus Ägypten als der neue Mose.
Josef erhält den Auftrag, nach Galiläa zu ziehen. So lassen sich die drei in Nazaret nieder.
Als Kind kommt Jesus vom Himmel zur Erde und wird mit Gottes Hilfe gerettet.
Als Mann wird er Jesus von Nazaret genannt und rettet selbst die Menschen.
MT 1,1–2,23

Lukas schreibt für Christen, die zuvor ungläubig waren, und sieht Jesus als Friedensbringer. Er beginnt seine Geburtsgeschichte mit einer großen Volkszählung im ganzen Land.

Der römische Kaiser Augustus, gewaltsamer Herrscher über das Weltreich, befiehlt:
Alle Bewohner müssen sich in Steuerlisten eintragen. Da geht jeder an seinen Heimatort.
Auch Josef, der von David abstammt, geht aus Nazaret in Galiläa hinauf nach Judäa.
In Betlehem, der Stadt Davids, will er sich mit seiner Frau Maria eintragen lassen.
Maria erwartet ein Kind. Als sie in Betlehem sind, kommt für Maria die Zeit der Geburt.
Sie bringt ihren ersten Sohn zur Welt. Sie legt ihn in Windeln in eine Futterkrippe.
Denn im Gasthaus wird ihnen kein Platz gegeben. In der Nähe lagern Hirten auf dem Feld.
Sie bewachen die Herde in der Nacht. Da erscheint ein Engel, der Glanz Gottes umstrahlt sie.
Starr vor Schreck stehen sie da, doch der Engel spricht: Fürchtet euch nicht!
Habt keine Angst, denn ich bringe euch eine große Freude für das ganze Volk.
Heute ist euch in Davids Stadt der Retter geboren: der Messias, Erlöser, Christus, der Herr!
So erkennt ihr ihn: Ihr werdet ein kleines Kind finden, in Windeln gewickelt in einer Krippe.
Und plötzlich ist der ganze Himmel voll von einer unüberschaubaren Zahl von Engeln,
die loben Gott und rufen: Herrlich ist Gott in den Höhen, Frieden ist bei den Menschen!

Als die Engel verschwunden sind, sprechen die Hirten: Kommt, wir gehen nach Betlehem, um selbst zu schauen. Sie eilen hin und finden Maria, Josef und das Kind in der Krippe. Als sie es sehen, erzählen sie weiter, was ihnen über das Kind gesagt worden ist. Und alle staunen über ihre Worte. Maria aber behält alles Geschehene tief im Herzen. Die Hirten kehren heim und loben Gott für das, was sie gehört und gesehen haben. Alles ist wie angekündigt. Nach acht Tagen bekommt das Kind den Namen Jesus.

LK 2,1–21

Die Erzählung beginnt mit der Zählung und führt zu der Frage: Was zählt wirklich im Leben? Sie gibt klare Antworten: Es zählen nicht Kaiser und Gewalt, sondern ein Kind und der Frieden, nicht der Herrscher auf der Erde, sondern Gott in den Höhen, der zu den Menschen kommt, nicht ein Mensch, der groß tut und sich erhöht, sondern Gott, der sich bückt und klein macht. Lukas erzählt, wie Maria schon vor der Geburt Jesu all das in einem Lied über Gott bejubelt.

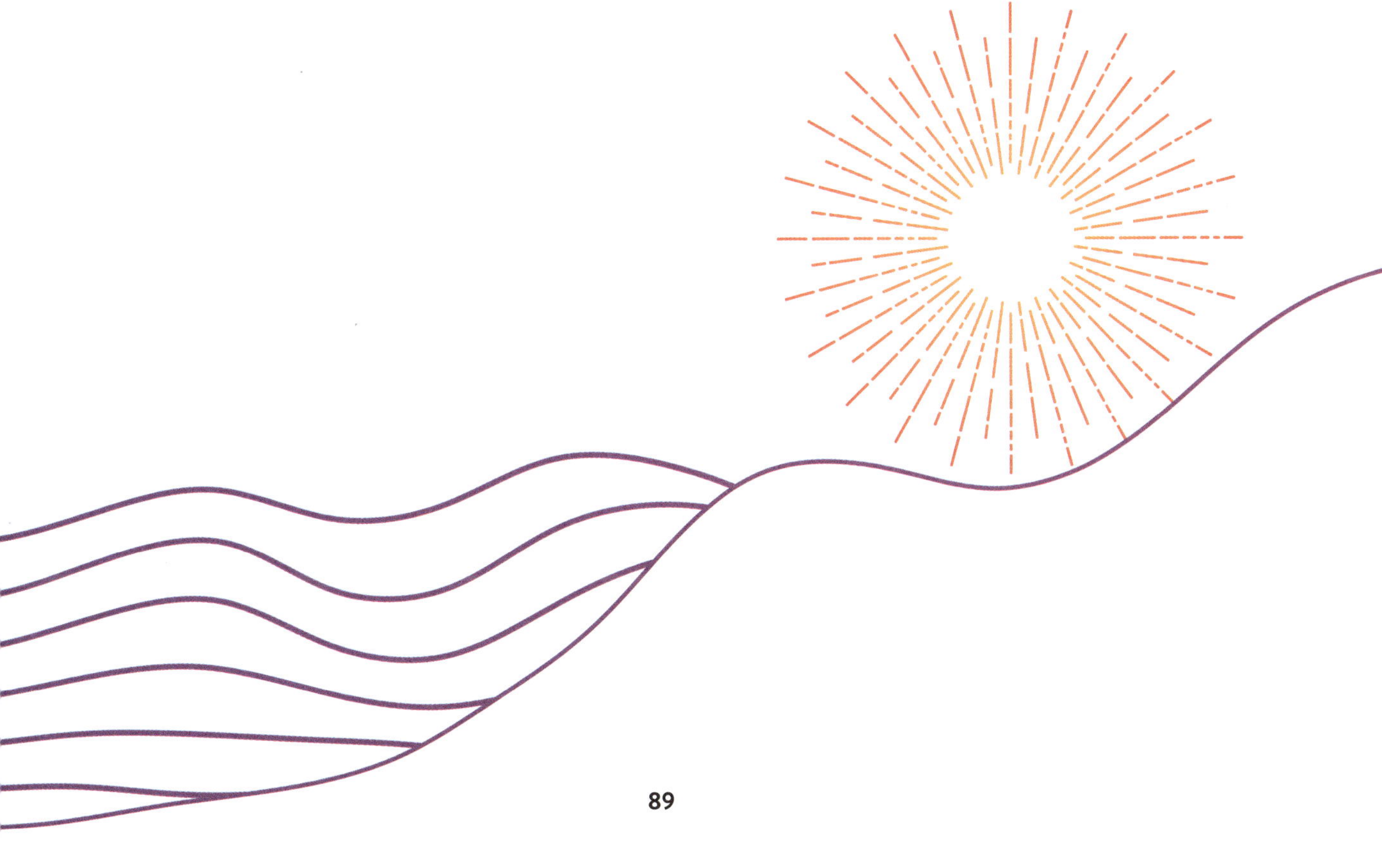

Meine Seele lobt die Größe Gottes, mein Geist jubelt über Gott, meinen Retter.
denn auf eine einfache Frau wie mich hat Gott geschaut.
Von nun an werden alle mich glücklich und selig preisen,
denn der mächtige Gott hat Großes an mir getan, und sein Name ist heilig.
Gott ist gut zu allen, die ihn hoch achten, und vollbringt machtvolle Taten.
Gott zerstreut alle, die im Herzen voller Hochmut sind und nur auf sich sehen.
Gott stürzt die Mächtigen vom Thron, erhöht die Niedrigen und richtet sie auf.
Hungernden schenkt Gott seine Gaben, die Reichen gehen leer aus.
LK 1,46–53

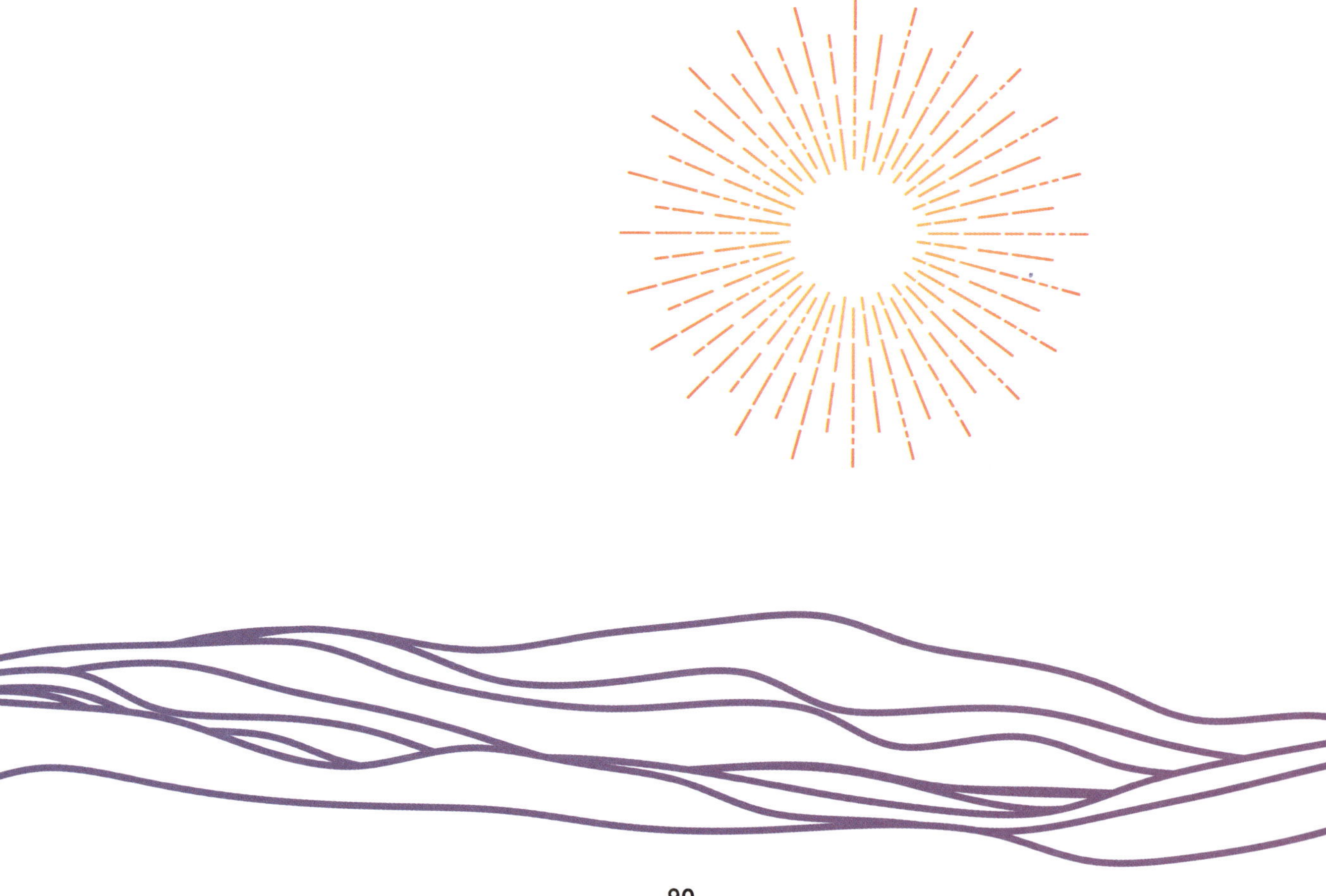

Hier zeigt sich, wie sehr Gott an der Seite der Unterdrückten steht. Jesu Leben bekräftigt das. Jesus fasst es in dem Satz zusammen, den Markus, Matthäus und Lukas wortgleich überliefern: *Leichter geht ein Kamel durch ein Nadelöhr, als dass ein Reicher in das Reich Gottes gelangt.*
MK 10,25, MT 19,24, LK 18,25

In der letzten Geschichte aus der Kindheit erzählt Lukas vom 12-jährigen Jesus im Tempel.

Jahr für Jahr gehen die Eltern Jesu den Weg zum Paschafest nach Jerusalem.
Auch als Jesus zwölf Jahre ist, ziehen sie hinauf, wie es dem Festbrauch entspricht.
Nachdem die Festtage zu Ende sind, machen sie sich wieder auf den Heimweg.
Der junge Jesus aber bleibt in Jerusalem, ohne dass seine Eltern es bemerken.
Sie meinen, dass er mit anderen Reisenden geht, und reisen einen Tag lang ohne ihn.
Dann erst suchen sie ihn überall bei den Verwandten und Bekannten, die mit ihnen gehen.
Als sie ihn nicht finden, kehren sie um, gehen zurück nach Jerusalem und suchen ihn dort.
Da erst geschieht es: Nach insgesamt drei Tagen entdecken sie ihn im Tempel.
Mitten unter den Lehrern sitzt er. Er hört ihnen zu und stellt **Fragen über Fragen.**
Alle, die ihn hören, sind erstaunt über sein Verständnis und auch über seine Antworten.
Als seine Eltern ihn dort sehen, sind sie voll Staunen, und seine Mutter spricht zu ihm:
Kind, warum hast du uns das angetan? Dein Vater und ich haben dich voller Angst gesucht.
Da antwortet Jesus ihnen mit der Frage: **Warum habt ihr mich gesucht?**
Habt ihr denn nicht gewusst, dass ich in dem sein muss, was meinem Vater gehört?
Doch seine Eltern verstehen diese Antwort nicht, die Jesus ihnen gegeben hat.
Dann kehrt Jesus mit ihnen zurück nach Nazaret und hört nun auf sie.
Seine Mutter bewahrt all die Worte in ihrem Herzen. Jesus aber wächst heran.
Seine Weisheit nimmt zu. Gott und die Menschen haben an ihm ihre Freude.
LK 2,41–52

Am Ende hören wir nochmals eine Geschichte vom Suchen und Finden, Fragen und Antworten.
Von Anfang an ist Jesus ein Mensch, der fragt, dessen Klugheit und Weisheit andere erstaunen.
Von vielen Wegen ist die Rede: Wege in der Landschaft und Wege des Erwachsenwerdens.
Sogar für seine Eltern ist Jesus von Anfang an rätselhaft: ein Geheimnis, das sie nicht begreifen.
Höchstens ahnen sie, dass Jesus zwar ganz *in* dieser Welt und zugleich nicht *von* dieser Welt ist.
Warum habt ihr mich gesucht? Jesu Frage zeigt, dass seine Herkunft und Zukunft woanders ist.
Mehr noch als jede Mutter und jeder Vater müssen sie ihr Kind loslassen: Es gehört ihnen nicht!
Jesus muss wie alle den eigenen Weg finden und Schritt für Schritt erwachsen werden vor Gott.
Auf diesem Weg helfen Jesus wie allen Menschen Liebe, Gelassenheit, Weisheit und Vertrauen.

Und die anderen Evangelisten? Von Markus hören wir keine Geschichte aus der Kindheit Jesu. Johannes beginnt sein Evangelium mit einem Gedicht vom Anfang, in dem alles schon da ist.

Im Anfang ist das WORT, und das Wort ist nah bei Gott, und das Wort ist GOTT selbst.
Alles ist entstanden durch das Wort. Nichts, was ist, ist ohne das Wort, ist ohne Gott.
In ihm ist das LEBEN, und das Leben ist Licht für alle Menschen.
Und das Licht macht hell jede Finsternis, die Finsternis kann das Licht nicht verschlucken.
In die Welt kommt das wahre LICHT. Es strahlt in jedem Menschen, der zur Welt kommt.
Und ER, der das wahre Licht ist, ist in der Welt, durch ihn ist die Welt geworden.
Den Menschen aber gibt er die Freiheit, Kinder von Gott zu werden, geboren aus Gott.
Und das Wort erscheint in einem MENSCHEN und wohnt bei uns allen.
Wir sehen, wie herrlich es ist, wie wenn ein Vater seinem einzigen SOHN alles gibt.
Durch Mose gibt Gott das Gesetz. JESUS CHRISTUS bringt uns die Wahrheit.
Niemand kann Gott jemals sehen. Der einzige Sohn aber, der selbst Gott ist
und am Herz des Vaters ruht, hat uns gezeigt, wie GOTT wirklich ist.

JOH 1,1–18

Damit ist schon zu Beginn alles über Jesus gesagt. Wir aber hören diese Worte erst am Ende.
Alle Evangelisten finden von Anfang an Worte, die bereits alles enthalten und voraussetzen.
In Jesus ist Licht, er ist Licht, als Mensch und Sohn und Christus veranschaulicht er Gott.
Uns wird klar: Johannes' Worte bilden zugleich ein Schöpfungs- und ein Auferstehungsgedicht.
Auch die Kindheitsgeschichten von Matthäus und Lukas sind schon Auferstehungsgeschichten,
die von der Kreuzigung und Auferstehung Jesu her erzählt werden und zu verstehen sind.
Andersherum betrachtet sind die Auferstehungsgeschichten auch wieder Geburtsgeschichten,
die davon erzählen, dass die ganze Menschheit, ja sogar die ganze Welt erneuert wird.

Nun können wir besser verstehen, dass mit Jesus tatsächlich die Welt neu beginnt:
beim Blick auf die gesamte Schöpfung, auf unser Leben und auf den Sinn von allem,
beim Blick auf den verborgenen Gott, den wir sehen können, wenn wir Jesus anschauen,
wenn wir seine Wunder als Zeichen dafür sehen, dass mit ihm eine neue Zeit beginnt,
wenn wir seine Reden vom Reich und Himmel Gottes hören, bedenken und verstehen,
wenn wir seine Geschichten von der anderen Liebe und Gerechtigkeit Gottes hören.
Im Namen »Jesus« ist Gottes Name genannt: »Jahwe rettet« – von Gott kommt Befreiung.
Im Namen »Jahwe« ist ein Versprechen zu hören. Es heißt »Ich-bin-da-und-werde-da-sein«.
Menschen, die Jesus begegnen, sehen in diesem Menschen Gottes Versprechen erfüllt.

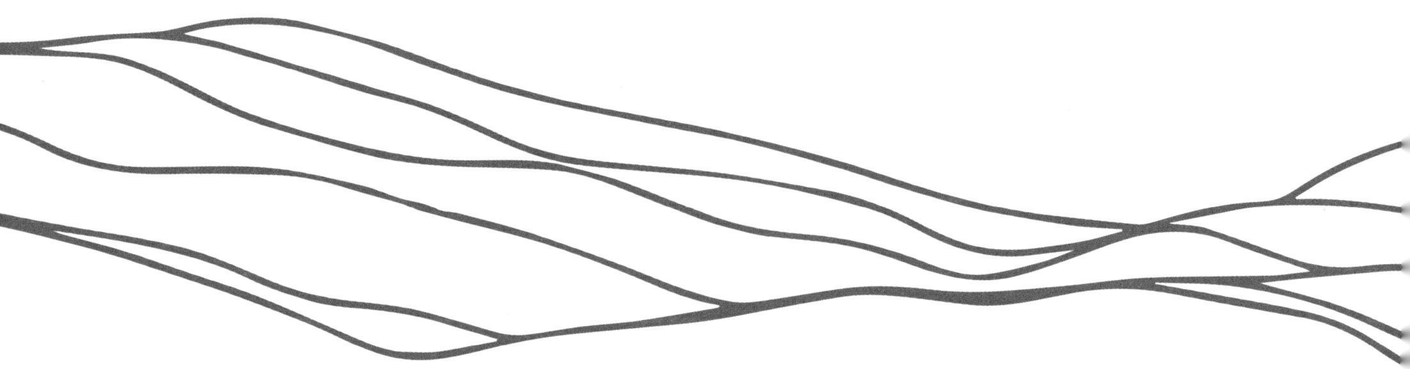

Als Lebender erzählt Jesus den Menschen Gleichnisse vom Reich Gottes,
als Auferstandener wird er selbst den Menschen zum Gleichnis für Gott.
Als Gleichniserzähler ist Jesus gestorben. Auferstanden ist er als Gleichnis Gottes.
Der geschichtliche Jesus lebt zu seiner Zeit, bringt die frohe Botschaft und stirbt.
Auferstanden erscheint Christus nicht mehr als die Person Jesus wie in seiner Lebenszeit.
Jesus, der Christus, ist nun die und der Andere, die und der Leidende und Geringste.
Wir können im anderen Menschen auch Jesus Christus und damit Gott begegnen.

Gott will in seine Schöpfung kommen und nimmt dafür den Weg über die Menschen.
Jesu strahlende Menschlichkeit kann das Göttliche in uns und im Miteinander wecken.
Jesu offensichtliche Liebe zu allen bis zum bitteren Ende zeigt das Verborgene in uns allen.
Die drei Fragen – *Was sucht ihr, wen sucht ihr und warum habt ihr mich gesucht?* – zeigen:
Wichtiger als der »liebe Jesus« ist die Liebe selbst, die Jesus immer an die erste Stelle setzt.
Denn die Liebe ist Gott selbst. Wir erahnen, erfahren und erkennen: Jesus ist GOTT ist Liebe.

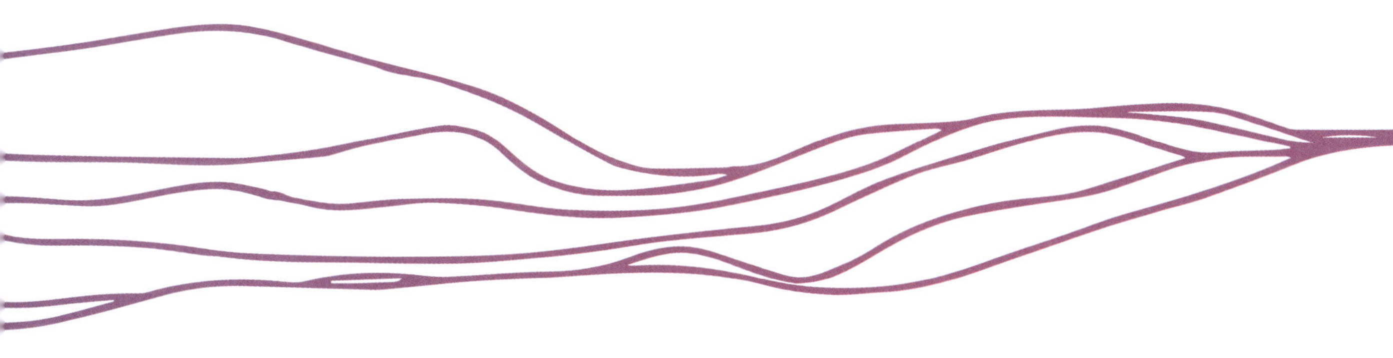

33. AUSKLANG

IM ANFANG erschafft Gott Himmel und Erde, so erzählt es die Bibel am Beginn.
Viele Milliarden Jahre nach dem Urknall lässt Gott den Menschen werden.
Nach dem eigenen Bild erschafft Gott ihn, als Frau und Mann, selbstbewusst und frei.

IM ANFANG ist das Wort, und das Wort ist Gott selbst, lesen wir im Neuen Testament.
Und das Wort erscheint in einem Menschen und wohnt mitten unter uns.
Niemand wird Gott jemals sehen, der einzige Sohn aber zeigt uns, wie Gott ist.

Was vor dem Anfang von allem gewesen ist, können und brauchen wir nicht genau wissen.
Für Jesus ist wichtig, dass Gott zu seiner Zeit, jetzt und immer nah ist, nicht nur beim Urknall.
In Jesus ist Gott für uns anschaulich, in allen Höhen und Tiefen des Lebens anwesend.

Jesus hat unter uns auf der Erde gelebt, ist gestorben und ist wiederauferstanden.
Er ist gefragt und stellt viele Fragen. Er bietet Antworten, die uns weiterfragen lassen.
Er verzichtet auf alle Macht. So ist er wirksam als der ohnmächtig Mächtigste von allen.

Wie Jesus sich den Menschen zeigt, in dem, was er sagt und tut, das sieht Gott ähnlich.
Das kann uns tatsächlich die Augen öffnen für ein gutes Leben voller Liebe und Sinn,
für das Geheimnis des einen Gottes hoch über uns, mitten unter uns und tief in uns.

Über den Tod hinaus bleibt Jesus und damit Gott bei uns, was er so erklärt: Gott ist Geist.
Im Rauschen der Welt, die uns anspricht und herausfordert, erschreckt und ermutigt,
in uns als Bild Gottes erfahren wir die Kraft des Geistes. Wir sind gewollt und gemeint.

Was am Ende von allem sein wird, können und brauchen wir nicht wissen.
Doch die Geschichte des Universums und die Geschichte Jesu erzählen uns,
dass es nach jeder Katastrophe wieder etwas Neues und Unerwartetes gibt.

Wir können voll Freude leben, mit Hoffnung sterben und in Zuversicht glauben,
dass die Schöpfung ganz neu sein wird und das Leben anders weitergehen wird.
Jesus verspricht: Ich bin und bleibe bei euch auch im Übergang zum Ende der Welt.

NACHKLANG

Ein Buch über Jesus – was für eine gewaltige Aufgabe! Gibt es nicht schon zu viele Bücher über ihn? Was wäre noch ein bisher nicht gegangener Ansatz? Was könnte mein Weg sein? Diese Fragen, mit Demut und Ehrfurcht gestellt, standen am Anfang dieses Buches, das viele Etappen der Entstehung hinter sich hat. In einem Zeitraum von drei Jahren habe ich daran geschrieben: mal lang und mal kürzer, immer intensiv und manchmal mit großen Pausen dazwischen, meistens voller Begeisterung, aber auch mit Fragen und Zweifeln angesichts der Herausforderung dieses Projekts.

Seit mehr als dreißig Jahren ist der Zugang zu Sinn- und Glaubensthemen über die großen Fragen der Menschheit mein persönliches Credo. Auf den Punkt gebracht, heißt das für mich: Wer fragt, kann tatsächlich glauben – wer glaubt, kann die Fragen eher und im tiefen Sinne aushalten. Vor diesem Hintergrund lautete am Anfang meine Schlüsselfrage: Kann man die Geschichte Jesu entlang seiner Fragen an die Menschen und der Fragen der Menschen an ihn erzählen? Mit dem hier vorgelegten Buch beantworte ich die Frage mit einem klaren Ja: Jesus steht trotz des eigenen Anspruchs seiner Antworten aus Gottes Vollmacht ganz in der Tradition der jüdischen Fragekultur, also einer fragend-dialogischen Auseinandersetzung mit dem Glauben. Er stellt unaufhörlich – gezählt mehr als 220 Mal – in den Evangelien Fragen an die Menschen, die ihm begegnen, und sehr häufig ist er immer wieder von ihnen gefragt. Diesen Aspekt der Botschaft und der Gespräche Jesu stelle ich erzählerisch in die Mitte und finde so meinen Weg durch die Evangelientexte.

Søren Kierkegaard verdanken wir die verdichtete Erkenntnis: *Man kann das Leben nur rückwärts verstehen, aber leben muss man es vorwärts.* Meine Jesus-Geschichte folgt dem Grundsatz: *Man kann das Leben Jesu nur rückwärts verstehen, also will ich es auch rückwärts erzählen.* Indem ich bei der Auferstehung beginne, dann erst vom Leben Jesu, seinen Worten, Wundern und Gleichnissen und schließlich vom Leiden, Tod und dem Danach erzähle, um ans Ende die Geschichten über seinen Lebensanfang zu stellen, lasse ich mich leiten von der alles entscheidenden Glaubenserfahrung und -erkenntnis der Christen. Die Auferstehung schon im Leben und darüber hinaus, also Auferstehung als eine Art zu leben und zu sterben steht in der Mitte der christlichen Botschaft und ist Voraussetzung allen Erzählens von und über Jesus, angefangen in den Evangelien bis in die heutige Zeit.

Während meines Schreibens lese ich grundsätzlich viel, um eigene Worte zu finden. So las ich eine ganze Reihe von Jesus-Büchern. Einige will ich hervorheben, da sie mich besonders inspiriert haben. Die Lektüre der Meditationen von Ermes Ronchi über den fragenden Jesus – angeregt durch meinen geschätzten Kollegen Walter Prügger aus Graz – hat wohl zuerst die Idee in mir geweckt, die Lebensgeschichte Jesu entlang seiner Fragen an die Menschen und der Fragen an ihn zu erzählen. Hildegund Keul verdanke ich Anregungen bei meinem Ansatz, die Geschichte Jesu konsequent von der Erfahrung der Auferstehung her zu erzählen und Auferstehung als Lebenskunst zu begreifen. Catherine Keller fasziniert mich mit einer Prozesstheologie, bei der Gott als Geheimnis, das Erkennen Gottes im Werden und Jesus als Gleichnis Gottes im Mittelpunkt stehen. In der letzten Phase meines Schreibprozesses entdeckte ich Johannes Eckerts Buch über die Fragen Jesu im Johannesevangelium, das mir vertiefende Einsichten schenkte. Das Buch von Simone Paganini und Jean-Pierre Sterck-Degueldre war mir neben weiterer Grundlagenliteratur eine verlässliche Quelle zum aktuellen Stand der Exegese. Schließlich fand ich eigene Sprachspiele durch die Lektüre der wunderbaren poetischen Verdichtungen von Andreas Knapp.

Herzlich danke ich für die wunderbare Unterstützung und Ermutigung durch den Kösel-Verlag, mit dem ich fast drei Jahrzehnte verbunden bin, während der langen Entstehungszeit dieses Buches: in der ersten Phase meinem langjährigen Lektor Uwe Globisch, dann erstmals meiner Lektorin Luise Ritter, schließlich Nadine Clemens sowie René Fink für die kreative Gestaltung jeder einzelnen Buchseite.

Oft begegnet mir zu meinen Büchern die Frage nach den Adressaten und ihrem Alter. Wie oft gilt auch für meine Jesus-Erzählung die Antwort: Es ist ein Buch für alle Menschen, die sich für Jesus allgemein und speziell als Fragenden interessieren. Das kann schon früh im Leben beginnen und niemals enden. Insofern ist es kein Kinderbuch im engeren Sinne, aber durchaus schon für ältere Kinder geeignet. Auch Jugendliche werden ihre eigenen Fragen darin entdecken. Erwachsene können sowohl persönlich als auch für ihre Arbeit mit jungen Menschen in Schule und Gemeinde Inspirationen und neue Zugänge finden. Ich freue mich über jede Rückmeldung und hoffe, aus meinem Buch wird nun ein Buch für viele Menschen.

All mein Schreiben sehe ich ganz wesentlich als Komposition von Worten und Sätzen. Das erfordert sowohl die Offenheit und Poesie der Sprachbilder, aber auch eine Struktur im Aufbau. Einen Rhythmus der Worte – auch förderlich für das Lesen und Vorlesen der Texte – fand ich durch feste Zeilenumbrüche. Die Entscheidung für das Erzählen der biblischen Texte in der Gegenwartsform will sie in unsere Welt hereinholen und ihre Aktualität unterstreichen.

Die Geschichte Jesu kann und sollte unzählig oft und auf verschiedenste Weise erzählt werden. Mein Weg zeichnet ein Bild von Jesus als Fragendem, den wir in unserem Fragen entdecken, und als Menschenfreund, der auf menschliche Gewalt radikal verzichtet. So kann Jesus ein Vorbild für eine Gemeinschaft sein, die die Liebe über die Macht stellt, die Friedensbotschaft über hierarchische Strukturen, die Offenheit für das Leben über Festschreibungen von Glaubenssätzen. Jesus steht für Vielfalt und Neubeginn, bestimmt Gottes Gerechtigkeit von unten her und geht deshalb den überraschenden und wirkmächtigen Weg der Liebe.

Ich bin überzeugt: Eine Rückbesinnung auf den fragenden und menschenfreundlichen Jesus ist in der Kirche wie in unserer Gesellschaft notwendig, damit der christliche Glaube überlebt, frag- und glaubwürdig bleibt und immer neu aufersteht!

Rainer Oberthür
Im Dezember 2021

DIE WICHTIGSTE LITERATUR, DIE MICH BEIM SCHREIBEN DIESES BUCHES INSPIRIERTE:

Eckert, Johannes, Was sucht ihr? Frag-würdige Einsichten ins Johannesevangelium, Freiburg 2020.

Keller, Catherine, Über das Geheimnis. Gott erkennen im Werden der Welt, Freiburg 2013.

Keul, Hildegund, Auferstehung als Lebenskunst. Was das Christentum auszeichnet, Freiburg 2014.

Knapp, Andreas, Noch knapper. 99 Miniaturen über Gott, Welt und Mensch, Würzburg 2021.

Paganini, Simone / Sterck-Degueldre, Jean-Pierre, Wir. Juden und Christen von den Wurzeln her verbunden, hg. vom Katechetischen Institut des Bistums Aachen, 2015.

Ronchi, Ermes, Die nackten Fragen des Evangeliums, München 2017.

QUELLENVERZEICHNIS ZU DEN EINGANGSZITATEN:

Levinas, Emmanuel, Die Spur des Anderen, Freiburg 2012.

Marti, Kurt, Zärtlichkeit und Schmerz. Notizen, Darmstadt 1986.

Sölle, Dorothee, Mutanfälle. Texte zum Umdenken, Hamburg 1993.

Weil, Simone, Das Simone-Weil-Lesebuch, hg. von Otto Betz, München 2009.

Die biblischen Texte habe ich nah am Original und doch eigenständig frei erzählt. Neben weiteren Bibelübersetzungen gaben die Einheitsübersetzung und die von mir herausgegebene *Bibel für Kinder und alle im Haus* dabei die wichtigste Orientierung.

DIE BIBELSTELLEN

MATTHÄUS

1,1–2	88
1,23	88
4,1–11	44
5,3–12	53
6,5–13	47
8,23–27	59
11,19	32
13,34	35
14,22–33	60
19,24	91
20,1–15	39
21,28–32	54
25,35–40	40
28,5	80
28,17–20	81

MARKUS

1,9–11	19
1,15	21
2,13–17	31
2,27	25
4,26–32	36
6,30–44	33
8,27–33	43
9,33–37	44
10,13–16	45
10,25	91
10,31	45
10,32–34	63
10,43	45
10,46–52	63
12,28–34	49
14,3–9	65
14,17–25	67
14,26–50	71
14,61–64	75
14,66–72	71
15,1–5	76
15,15–26	76
15,33–39	77
15,40–47	78
16,1–8	80

LUKAS

1,46–53	90
2,1–21	89
2,41–52	91
6,6–11	25
6,27–38	53
10,30–37	50
10,38–42	55
12,22–34	58
14,11	41
14,15–24	41
15,1–10	36
15,11–32	38
18,25	91
19,1–10	30
24,5	80
24,13–35	17

JOHANNES

1,1–18	**93**
1,33–39	**20**
5,1–9	**22**
8,3–11	**27**
13,1–17	**69**
17,15–26	**74**
18,1–11	**74**
20,11–18	**83**
20,24–29	**81**

WORÜBER REDET IHR DA

HAT DICH KEINER VERURTEILT?

WARUM HABT IHR

WAS SUCHT IHR?

WARUM HAST DU

WILLST DU GESUND WERDEN?

WARUM HABT IHR